LETTRE

A M. DE CHARANCY

EVESQVE

DE MONTPELLIER,

En Réponse à la Lettre Pastorale de ce Prélat, au sujet d'un Ecrit trouvé dans son Diocèse.

Du 15. Novembre 1740.

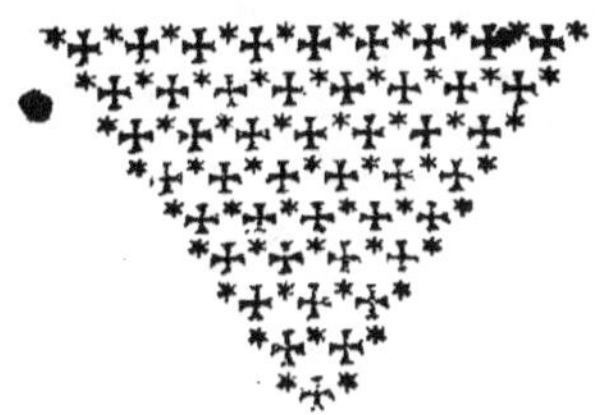

M. DCC. XLI.

LETTRE A M. DE CHARANCY

EVESQUE DE MONTPELLIER,

En réponse à la Lettre Pastorale de ce Prélat, au sujet d'un Ecrit trouvé dans son Diocèse.

LA Lettre pastorale que vous venez de publier *au sujet d'un Ecrit trouvé dans votre Diocese*, demande une Réponse de la part des innocens qui y sont attaqués. Le respect pour le sacré caractére dont vous êtes revêtu, m'a fait douter dabord si je devois m'adresser à vous-même, pour me plaindre des calomnies que contient votre Lettre. Quelque abus que fasse de son ministere un Evêque, on craint toujours, en lui parlant, de passer les bornes d'une legitime défense. L'exemple de saint Paul, qui s'excuse d'avoir appellé Ananus *muraille blanchie*, sur ce qu'il ne savoit pas que ce fût le Souverain Pontife, est une leçon pour tous les siecles de ne pas maudire les princes du peuple. J'aurois donc souhaité m'adresser à tout autre qu'à vous, Monseigneur, pour justifier ceux que vous décriez. Mais n'est-il pas plus dans l'ordre de vous porter nos justes plaintes ? Si vous n'êtes pas l'auteur des calomnies qui en font le sujet, vous les couvrez de votre nom ; vous vous les rendez propres. C'est donc à vous qu'il faut demander justice & reparation. Vous nous la devez, Monseigneur : qu'il me soit permis d'esperer que vous nous la rendrez. S'il n'est besoin pour vous y engager, que d'établir notre innocence sur des preuves plus claires que le plus grand jour, vous serez satisfait. Je vous supplie, au nom de celui qui doit juger les justices des hommes, de ne pas vous prévenir, mais de me suivre avec toute l'attention que mérite une affaire où il s'agit pour vous du salut éternel.

Vous nous accusez, Monseigneur, de soutenir que les commandemens de Dieu ne sont pas possibles à ceux qui les violent:

Que la grace est efficace sans aucune coopération de notre part ; qu'elle fait tout en nous, & sans nous ; qu'elle nous impose une necessité antécedente, qu'il n'y a d'autre liberté que celle qui est opposée à la contrainte :

Que c'est un orgueil criminel de croire que nous puissions avoir aucun mérite :

Que J. C. n'est pas mort pour les réprouvés, & qu'il ne leur donne aucune grace :

Que le Corps de Iesus-Christ n'est ni réellement ni substantiellement dans l'Eucharistie, comme l'Eglise Romaine nous l'enseigne :

Qu'il faut rejetter toutes les Messes privées ; qu'il n'y a point de prieres dans la Messe des morts qui ne soient des prieres pour les vivans :

Point de Purgatoire dans l'autre vie :

Point de caractere indélébile dans l'Ordre de la Prêtrise :

Que la foi suffit pour absoudre l'homme de ses pechés :

Qu'il n'est pas nécessaire de confesser le nombre ni les circonstances qui changent l'espece du péché :

Que l'absolution ne confére pas la grace, mais déclare seulement que l'ame y est rentrée par la douleur :

Qu'on peut abolir la confession auriculaire, & ne plus parler de transsubstantiation dans l'Eucharistie ; anéantir les vœux de Religion ; permettre le mariage des Prêtres ; retrancher le jeûne & l'abstinence du Carême ; se passer du Pape & n'avoir plus ni commerce avec lui, ni égard à ses décisions :

Que le Concile de Trente n'est pas canonique :

Qu'il n'y a plus d'Eglise depuis cinq ou six cens ans :

Qu'il faut travailler à l'avilissement de la profession Religieuse :

I.
Raisons pour lesquelles on addresse la parole de M. à Charancy.

II.
Calomnies atroces contre les Appellans.
Inst. page 17.
Ibidem page 28.

Ibidem page 17.
Ibidem page 29.

Ibidem page 3.

Ibidem page 29.
Ibidem page 29.

Ibidem page 29.
Ibidem page 29.

Ibidem page 3 10.
Ibidem page 25.

Ibidem page 23.

Que les mortifications font gênantes, & ne fervent de rien :

Qu'à l'exemple des Manichéens, nos dogmes ne doivent être connus que d'un petit nombre d'élus qu'il faut les cacher, les diſſimuler, n'en parler qu'énigmatiquement ; qu'il en faut venir jufqu'à les defavouer ſi on eſt trop preſſé, & ne pas épargner l'anathême, même contre Janfenius, s'il eſt néceſſaire pour fe dérober aux cenfures de l'Eglife ; qu'il fuffir de retenir les vérités dans le cœur.

Ibidem page 20.

Enfin, vous nous accufez de blafphêmer contre les indulgences, que vous dites qu'un de nos Auteurs appelle une liberalité tout à fait chimérique.

Voilà, Monfeigneur les principaux chefs d'accufation que vous formez contre nous, contre nos freres, & contre nos Peres, qui depuis cent ans ont vecu & font morts dans le fein de l'Eglife. Des accufations ſi graves, & qui enveloppent un ſi grand nombre de perfonnes, demandent des preuves dont l'évidence faſiſſe les efprits & enleve le confentement. Cependant, de toutes celles que vous apportez, il n'y en a pas une qui pût être admife dans un Tribunal régulier, quand il ne s'agiroit que d'un interêt temporel. Prefque toutes les pieces que vous produifez contre nous, font, ou fuppofées, ou tronquées ou falfifiées. Ce font des Lettres qui n'ont point été reconnues par leurs auteurs, & fur lefquelles ils n'ont point été entendus ; des Memoires dont on retranche ce que l'on veut, pour rendre odieux ceux à qui on les attribue ; des papiers informes cités par un Auteur qui ne merite aucune créance, & dont l'Ouvrage a été fupprimé par le Confeil d'Etat ; des extraits infideles de Livres avoués par les Appellans, mais dans lefquels on enfeigne le contraire de ce qu'on leur fait dire ; des informations & des dépofitions dont on n'ofa faire ufage dans le tems contre ceux qu'elles regardoient, tant la procedure étoit inique ; & ſi vous citez quelques propofitions juftement condamnées, vous ne dites pas, ce qui eſt trés-vrai, que nous fommes trés-éloignés de les foutenir. Eſt-ce un Evêque, un Pere, un Pafteur de qui partent de pareilles injuftices ?

III.
Ecrit trouvé dans les papiers du Curé de Lanzargues, Fondement des principales calomnies ; *Lettre Paſtorale page 6,*

La principale piece fur laquelle vous nous accufez d'héréfie, de relâchement dans la morale, & de duplicité, eſt un Ecrit trouvé dans les papiers d'un Curé de votre Diocefe mort depuis quatre ans. Cette piece, copiée de la main du Curé vous a paru affez importante pour mériter d'être imprimée, & d'en faire le fujet d'une Lettre Paftorale. Vous vous applaudiffez d'une découverte, dont les fuites vous paroiffent infiniment avantageufes à l'Eglife ; & vous prenez les précautions les plus exactes, pour que l'on ne puiffe pas nier que *le ſieur Bonnery Curé de Lanſargues, dont les Nouvelles Eccléfiaſtiques ont fait l'éloge funebre,* n'ait écrit de fa main la copie qui vous a été remife de cette piece myfterieufe. *Suivant fa deſtination, elle eſt,* dites vous, *dameurée long-tems dans le fecret :* mais enfin elle paroit, cette piece, fous les aufpices de Votre Grandeur. Difciples de Molina, pouffez des cris d'allégreffe. Les voilà découverts, ces hommes ténébreux, qui depuis un ſiecle avoient eu l'habileté de fe dérober aux yeux les plus perçans. Quelle gloire pour vous, Monfeigneur ! Quelle confufion pour nous ! Votre nom vivra à jamais dans les faftes de l'Eglife. C'eſt à vos foins, c'eſt à votre vigilance, à votre zéle qu'elle eſt redevable de ce pernicieux Ecrit, qui a pour titre : *Lettre Circulaire à Meſſieurs les Diſciples de faint Auguſtin.*

IV,
Bévue de M de Charancy. Il prend pour nouveau, un Ecrit qui a 86, ans d'antiquité,

Mais qu'apperçois-je ! Cet Ecrit publié avec tant d'emphafe, dépofé chez un Notaire avec d'autres Pieces écrites de la main du fieur Bonnery pour fervir d'Actes de comparaifon, eſt la copie d'un Libelle fabriqué par les Jefuites fous le nom de Meffieurs de Port-Royal, & imprimé il y a quatre-vingts-fix ans dans un Livre du fieur Marandé qui a pour titre : *Inconveniens d'Etat procedans du Janfeniſme.* Quelle bevue ! (a) Je me mets à votre place, Monféigneur, & je fens quel a été

(a) En confrontant la copie manufcrite de M. Bonnery avec la Lettre imprimée dans le Livre

votre étonnement, qu'elle a dû être votre douleur quand on vous a fait connoître la lourde méprise où vous êtes tombé. On sonne l'allarme ; on jette de grands cris ; on invite toute la terre à lire un Ecrit qui contient, dit-on, les *secrets du Jansénisme*. Que naît-il de ce travail ? une vieille imposture, méprisée dès qu'elle parut, & tellement oubliée que ni vous, ni les Jésuites qui vous approchent, n'en aviez aucune connoissance. Il faut l'avouer, il en coûte à l'amour propre pour soutenir de pareilles humiliations.

Vous n'êtes pas excusable ; souffrez que je vous le dise, Monseigneur. Il paroît que vous êtes aussi neuf dans la lecture de vos Ecrivains, que peu versé dans la connoissance des nôtres. Messieurs de P. Royal sont connus pour écrire avec élégance. Si leurs ennemis ont été assez injustes pour leur contester la Catholicité, au moins ont-ils avoué qu'ils avoient de la finesse dans l'esprit. Quelle différence entre le style de Port-Royal, & celui des Meynier, des Filleau, des Pirot, des Desmarêts de S. Sorlin, des Marandé & de tant d'autres qui ont voulu se mesurer avec les Arnauld, les Pascal, les Nicole & les le Maître. Le Libelle que vous avez publié Monseigneur, est l'ouvrage d'un homme, non seulement qui ne sait pas écrire, mais qui annonce partout son peu de sens & son manque de jugement. En falloit-il davantage pour vous ouvrir les yeux ? *Vous attribuez à vos adversaires*, disoit M. Pascal aux Jésuites, *des Ecrits pleins d'impiété, comme la Lettre Circulaire des Jansénistes, dont le style impertinent rend cette fourbe trop grossière.* Je vous plains, Monseigneur, de ne l'avoir point apperçue.

S'il ne s'agissoit que du ridicule qu'une pareille bévue jette sur un auteur, je vous plaindrois moins ; mais, en le prenant du côté de la Religion, quel péché devant Dieu ! Que les suites en sont terribles ! Si vous les voyez, c'est une grace que Dieu vous fait, à laquelle je vous conjure de ne pas résister. Si vous ne le voyez pas, c'est un chatiment qui commence à s'exercer sur vous, dont je suis penetré de douleur. Qu'il me soit permis de faire effort pour percer les nuages qui vous environnent. N'omettons rien pour vous montrer la grandeur du péché dont vous êtes coupable, en nous accusant, sur la foi d'un Libelle qui n'en mérite aucune, d'excès horribles contre la Religion.

Jésus-Christ a tracé en sa personne pour tous les siecles à venir, le modele qu'auroient à suivre ses Ministres, lorsqu'ils seroient accusés d'erreurs devant les tribunaux ecclesiastiques. Interrogé par le Souverain Pontife sur ses Disciples & sur sa doctrine, il lui répondit : *J'ai parlé publiquement à tout le monde. J'ai toujours enseigné dans la Synagogue & dans le temple où tous les Juifs s'assemblent ; & je n'ai rien dit en cachette. Pourquoi m'interrogez-vous ? Interrogez ceux qui m'ont entendu, pour savoir ce que je leur ai dit. Ils savent ce que j'ai enseigné.* Ce que Jésus-Christ disoit au souverain Pontife, nous vous le disons à vous, Monseigneur, qui êtes monté sur le tribunal pour nous juger. Depuis cent ans que l'on instruit le grand procés qui est

de Marandé, on voit que cette copie est défectueuse en plusieurs endroits. M. de Charancy a essayé de corriger quelques fautes du manuscrit ; mais il en a laissé de grossieres. Ce Prélat assure sur la foi de M. Lafiteau Evêque de Sisteron, que le P. Quesnel avoit envoyé en 1699. à une Religieuse de Rouen la prétendue *Lettre Circulaire*, qu'il avoit même écrit à cette Religieuse une Lettre particuliere, en lui envoyant la *Lettre Circulaire* ; & que le tout ayant été remis à M. l'Archevêque de Rouen (d'Aubigné) en 1719. le Prélat avoit adressé ces deux pieces à M. le Duc d'Orléans, qui chargea M. l'Evêque de Sisteron de les examiner, & de lui en faire son rapport. Ceux qui seroient capables d'ajouter foi à des fables si grossieres, pourront lire pour se détromper ce qu'a écrit M. Arnauld contre la *Lettre Circulaire* dans le VIII. tome de la Morale Pratique depuis la page 69. jusqu'à la page 177. Le même M. Arnauld parle de la *Lettre Circulaire* dans son Testament spirituel, & demande pardon à Dieu pour les auteurs de cet imposture. M. Pascal l'avoit traitée dans sa XV. Lettre Provinciale avec le mépris qu'elle mérite.

entre vous & nous, combien d'Evêques, de Prêtres & de Ministres inférieurs on-été accusés des erreurs que vous nous imputez. Ces Evêques, ces Prêtres, ces Ministres ont prêché, catéchisé, enseigné publiquement dans les villes & dans les campagnes. Interrogez ceux qui les ont entendus. Qu'ils vous disent, s'ils ont appris d'eux ou à rejetter la présence réelle, la transsubstantiation, les Messes privées, la confession auriculaire, les œuvres satisfactoires, les indulgences, le purgatoire, ou à soutenir aucune des erreurs qui concernent la possibilité des commandemens de Dieu, la coopération du libre arbitre, & la mort de Jesus Christ pour le salut de tous. Où sont les peuples que nous avons pervertis, les provinces dont nous ayons changé la foi, les Dioceses où les sacremeus soient abolis ? Nommez-moi une seule ville, conduite par les Appellans, où l'on rejette le saint Concile de Trente ; une Paroisse où l'on ait effacé des diptiques le nom du Pape ; un seul homme qui ait été convaincu juridiquement de ne pas croire tous les articles de foi reconnus pour tels dans toute l'Eglise. Si vous voulez un témoignage aussi autentique que respectable de notre Catholicité, écoutez ce que dit de nous le premier Parlement du Royaume, adressant la parole au Roi ; ON TRAITE DE NOVATEURS, DES PERSONNES QU'ON N'A JAMAIS CONVAINCUES D'AUCUNE INNOVATION DANS LA FOI. N'eussions-nous, pour établir notre innocence, que le témoignage des hommes qui nous ont entendus prêcher de vive voix, Jesus-Christ vous ordonne de le recevoir, & de nous renvoyer absous. Cueille-t'on des raisins sur des épines, & des figues sur des ronces ? Si nous marchons dans les ténèbres, comment les peuples que nous conduisons marchent-ils dans la lumiere ? S'ils sont orthodoxes, serons-nous hérétiques, nous qui les avons baptisés, instruits, catechisés ? Que ces peuples, Monseigneur, soient auprès de vous notre Lettre de recommandation. Lisez-la ; c'est le Saint-Esprit qui l'a écrite en caracteres qui peuvent être lus de ceux mêmes qui ne savent pas lire. Quelle est éloquente, cette Lettre ! Qu'elle parle avantageusement pour nous ! Au temoignage des hommes joignez celui de nos Ecrits. Si vous doutez encore, ouvrez ce nombre prodigieux de Livres qui depuis cent ans est sorti de nos mains. Dans lequel trouverez-vous les erreurs détestables dont vous nous chargez ? Combien en avons nous composé pour combattre ces mêmes erreurs ? Et avec quel succès ne l'a-t'on pas fait ? Encore tout récemment, le grand Colbert est mort les armes à la main, pour la défense des vérités que vous nous accusez de nier. Que dis-je ? Votre Lettre Pastorale dépose pour nous contre vous-même. Nos Ouvrages remplissent le monde ; & pour nous trouver coupables, vous êtes reduit à ramasser quelques papiers obscurs, dont les plus importans sont le fruit de l'imposture & de la calomnie. Que ceci, Monseigneur, ressemble à la conduite de ces Pontifes, qui ne voulant pas interroger ceux que Jesus Christ avoit instruits, firent venir de faux temoins pour déposer contre lui !

Mais je veux tirer de votre bouche une déclaration, que jusqu'à present nous n'avons rien enseigné qui ne soit conforme à la saine doctrine. Reconnoissez vos parole Monseigneur, & voyez si je vous en impose. Vos Diocesains vous demandent quel est le crime de ces hommes que vous suspendez des fonctions sacerdotales, que vous chassez de leurs benefices, que vous excommuniez. *Jamais, disent-ils, nous ne les vons entendus professer les erreurs dont on les accuse* ; à quoi vous répondez ; IL EST VRAI. Quoi ! ces hommes n'ont enseigné aucune erreur, & vous armez contre eux les Puissances ; vous les enlevez à leurs troupeaux ; vous lancez des anathêmes ? Avez-vous compris la force de cet IL EST VRAI ? *Jamais on ne les a entendu professer les erreurs dont on les accuse.* Pourquoi donc les traitez vous de SEDUCTEURS ? *Combien d'ames simples*, ce sont vos paroles, *ne peuvent se détacher de leurs* SEDUCTEURS, *sous prétexte qu'elles ne les ont jamais entendu professer les erreurs dont on les accuse?* On ne les a entendu professer aucune erreur. Ils n'ont donc séduit personne, non pas

Remontrances du 28. Juin 1738,

VII
Nouvelle preuve tirée des aveu de M, de Charancy, *Instruction page 29;*

même les *simples*, c'eſt à dire ce qu'il y auroit de plus aiſé à tromper dans le troupeau de J. C. Peuples, raſſurez vous. Si le ſucceſſeur du grandColbert eſt forcé de convenir que jamais les Appellans n'ont enſeigné aucune erreur dans le Dioceſe de Montpellier, quel ſera le Dioceſe qu'on pourra regarder comme en étant infeſté?

Nous vivons au milieu de nos ennemis, preſque ſans les connoître. C'eſt vous, Monſeigneur, qui faites encore cet aveu. Qu'il eſt avantageux pour nous ! Qu'il *Ibidem* eſt accablant pour vous ! Pourquoi ne pouvez vous connoître ces prétendus ennemis au milieu deſquels vous vivez ? Vous venez de le dire : C'eſt qu'ils n'enſeignent aucune erreur. Que toute la terre l'entende ; & que ceux que l'on nourrit de préventions contre nous ne l'oublient jamais. Après un ſiécle de recherches & de clameurs il eſt avoué que l'on ne connoît point ceux que l'on décrie par tout comme hérétiques. Ce n'eſt donc pas le refus de ſigner le Formulaire purement & ſimplement : ce n'eſt donc pas le refus d'accepter la Bulle, qui rend criminel. Ceux qui ne veulent ſigner qu'avec la diſtinction du fait & du droit, & qui ont appellé de la Bulle *Unigenitus*, ſont très connus. Eux-mêmes ont fait imprimer des liſtes où leurs noms ſe trouvent en grand nombre ; & toutes les fois qu'il a fallu rendre témoignage à la vérité, ne ſe ſont-ils pas montrés avec courage & avec éclat ? En Sorbonne, dans l'Univerſité, dans les Paroiſſes, dans les Communautés, dans les Colléges, à la Ville & dans les Provinces, que d'excluſions, que d'ordres contre eux ſurpris à la Religion du Roi ! On connoît les ennemis irréconciliables de la Bulle : on a même la conſolation de voir que Dieu lui en ſuſcite de nouveaux tous les jours. Cependant vous vous plaignez, Monſeigneur, de ce que vous vivez au milieu de vos ennemis ſans pouvoir les connoître. Donc de votre aveu on peut être ennemi de la Bulle, ſans être ennemi de l'Egliſe : on peut être Appellant, & n'enſeigner aucune erreur.

Que direz vous maintenant pour appaiſer les cris de vos Dioceſains ? Direz vous **VIII.** que les Appellans cachent dans le cœur les erreurs qu'ils n'oſent proférer de bou *On force M* che, Vous le dites en effet. Mais qu'il eſt aiſé de vous forcer dans ce dernier retran *de Charancy* chement ! C'eſt le parti que prirent les Ariens pour décrier S. Athanaſe dans l'eſ *dans un der* prit de l'Empereur Jovien. Athanaſe enſeigne des erreurs. Quelle preuve en avez *nier retran* vous ? répondoit l'Empereur. Dans l'impuiſſance de le prouver, les Ariens di *chement Ad.* ſoient qu'Athanaſe étoit un homme plein de duplicité ; qu'il cachoit l'héréſie dans *apud Athan.* ſon cœur. *Si cela eſt*, repliqua l'Empereur, *c'eſt à Dieu à le juger & non pas à moi.* *Tom 2 page 27.*

La réponſe de Jovien ferma la bouche aux Ariens : la fermera-t-elle à nos adverſaires ? Aujourd'hui l'on met ſur notre compte des Ecrits qui contiennent des erreurs dont on voudroit nous trouver coupable ; & l'on ajoute à ce dégré de malice, celui de nous faire adopter comme une regle fondamentale, de *déſavouer, s'il le faut, les erreurs dont on ſuppoſe que nous ſommes infeſtés.* Mais ne voyez-vous pas, Monſeigneur, que pour vouloir nous rendre méchant avec excès, vous manifeſtez notre innocence ? Nous nous laiſſons exiler, bannir, empriſonner, dépouiller de nos benefices, excommunier, pour ne pas dire de bouche : *Je condamne Janſenius, je reçois la Bulle.* Si le menſonge ne nous coûte rien ; ſi nous nous faiſons un jeu des ſermens les plus ſacrés ; ſi, comme vous le dites, nous prenons pour regle cette maxime des Priſcillianiſtes, *jure, parjure-toi : mais garde le ſecret* ; pourquoi n'en *Inſt. page 30* faiſons-nous pas uſage ? D'où vient cette délicateſſe de conſcience qui empêche des menteurs par état, de proférer un menſonge qui les mettroit à couvert de la colere des hommes ? Dans les principes où on les ſuppoſe, ils ne peuvent avoir d'eſpérance pour une autre vie : *Mangeons & bûvons, nous mourrons demain.* C'eſt ce qu'ils doivent dire, & ce que la cupidité ne leur inſpireroit que trop, pour ſe procurer aumoins un bonheur paſſager. Cependant ces hommes que vous traitez de menteurs, s'expoſent à tout pour ne pas mentir. Que dis-je mentir ? Quelquefois on ne demande

B

que ix qu'un geste, un signe de tête, quelques mots vagues : souvent on seroit content, s'ils vouloient promettre de se taire, & de ne point parler. Il y en a même dont on publie après leur mort, qu'ils ont accepté la Bulle, quoiqu'ils l'ayent rejettée constamment tant qu'ils ont eu la liberté de l'esprit durant leur vie. Oui, Monseigneur, vous trahissez votre cause, vous portez témoignage contre vous-même en nous accusant de mentir par principes. Il ne faut, pour détruire cette horrible accusation, que la rapprocher de toutes les voies que l'on met en œuvre pour nous faire accepter le fatal Décret. Il n'y en a pas une, qui ne nous lave du crime dont vous voulez nous noircir.

IX.
Sincerité des Appellans. Avantages qu'. ils ont contre leurs adversai-res en ce point

Mais est-ce à un Evêque, qui dans le mal qu'il dit de nous n'est que l'organe des Jésuites, à nous accuser de mentir par principes ? Si nous étions assez méchans pour le faire, nous ne serions que les disciples ; & les Jésuites seroient nos maîtres. Leurs Casuistes sont remplis de décisions qui favorisent les équivoques, qui ouvrent la porte au mensonge, & qui autorisent la calomnie dont ils ne font qu'un péché véniel. Loin de suivre de tels guides ; nous les avons combattus, poursuivis, & fait censurer. Leur doctrine sur le mensonge & les équivoques est tombée dans un tel décri, que les Poëtes mêmes en ont fait le sujet de leurs satyres. Ne seroit-ce pas un moyen bien efficace pour établir notre doctrine, que d'avoir travaillé nous-mêmes à la faire condamner, & en inspirer de l'horreur à toute la terre ?

Mais à qui persuaderez-vous que nous sommes des menteurs, tant que vous n'appuyerez cette calomnie, que sur le témoignage d'un imposteur ? Tel est celui qui a fabriqué sous notre nom l'Ecrit que vous venez de publier. Si nous étions des menteurs, vous ne feriez le procès à aucun de nous pour vous avoir dit la vérité. Si nos ennemis n'étoient pas des fourbes, vous n'accuseriez aucun de nous de manquer de sincérité. Eh, ne dites point que ce qu'ils étoient il y a quatre-vingt six ans, ils ne le sont plus aujourd'hui ! Ne pouvant rendre odieux votre illustre Prédécesseur par les Ouvrages qui sont sortis de ses mains, ils lui en ont substitué de faux jusqu'à trois fois. Ils ont eu même le crédit de faire condamner le dernier par le Pape Clement XII. Le Prélat calomnié s'est plaint au Pape : il s'est inscrit en faux contre la piéce qu'on avoit eu l'impudence de mettre sous son nom : il a demandé réparation de l'injure que le Pape surpris lui avoit faite ; &, ce que la postérité aura peine à croire, le Pape est demeuré sourd à la voix d'un Evêque calomnié dans sa foi ! L'arrêt de condamnation n'a point été révoqué. Jesus-Christ en la personne de son Serviteur est demeuré sous l'anathême, & Barabbas est resté en honneur. Mais ce n'est qu'aux yeux de l'homme charnel. » Vous êtes heureux, dit Jesus-Christ,

Matth. V 11, 12.

» lorsque les hommes vous chargeront de malédictions, qu'ils vous persécuteront, » & qu'ils diront faussement toute sorte de mal contre vous à cause de moi, *men-* » *tientes propter me*. Rejouissez-vous alors & tressaillez de joie, parcequ'une grande » récompense vous est réservée dans les cieux. Car c'est ainsi qu'ils ont persécuté » les Prophêtes qui ont été avant vous. «

Je vous entens, Monseigneur. La *Lettre Circulaire*, direz-vous, n'est pas la seule piéce sur laquelle je m'appuie dans le mal que je dis de vous. J'ai déclaré expressément, que *cet Ecrit ne contient rien dont le parti ne soit convaincu par des Actes authentiques.*

X.
Discussion des Actes authentiques sur lesquels M. de Charancy prétend établir ses calomnies.

Si cela est, Monseigneur, je retracte tout ce que je viens de dire ; & je consens de boire jusqu'à la lie le calice que vous nous préparez. Mais souvenez-vous de votre promesse, si vous voulez que j'exécute la mienne. Vous vous engagez de prouver par *des Actes authentiques*, que nous soutenons les erreurs monstrueuses dont j'ai fait ci-dessus l'énumération. Parlez, Monseigneur, j'écoute avec respect, & dans la disposition très-sincere de me rendre à la verité.

XI.
Prémier Acte

» Est-ce la charité, dites-vous, qui inspire aux Sectateurs de Jansenius, de faire

» *une bourse commune* pour subvenir aux besoins du parti, & pour lui gagner des profe- authentique.
» lytes. Le fait est constant. Le témoignage de la Lettre Circulaire est précis. D'ail- *Instruction page*
» leurs l'emprunt de 1400000. liv. est avéré par l'auteur même des *Anecdotes*. Personne 22.
» n'ignore l'emploi qui en fut fait au payement des Appels. Si on n'y avoit depensé
» que les libéralités des dévotes du parti, le crime seroit moindre. Mais l'Arrèt du
» Parlement de Paris qui condamne Servien aux galeres, prouve en même tems
» & le vol fait au Public, & la fourberie de ceux qui le faisoient agir. «

L'heureux début ! Il me rappelle ce trait d'une des Lettres Provinciales où M. *XVII, Lettre*
Pascal dit agréablement au Pere Annat : » Je vous dis que vos auteurs permettent
» de tuer pour une pomme, quand il est honteux de la perdre ; & vous me dites
» *qu'on a ouvert un tronc à Saint-Merry.* « Vous nous accusez, Monseigneur,
d'héréfies notoires & d'erreurs palpables. Je m'attens à vous en voir produire les
Actes authentiques, & vous débutez par nous accuser de former *une cabale*, d'avoir *une
bourse commune*, dont la preuve est que Servien, (vous voulez dire Servier,) a été
condamné aux galeres, pour avoir fait une banqueroute frauduleufe de quatorze
cens mille livres. Cette preuve qui tient le premier rang parmi vos *Actes authentques*, est digne de la cause que vous aviez à défendre. Je reviendrai à l'affaire de
Servier : mais auparavant je veux discuter les autres preuves. Si elles n'ont pas
plus de poids que celle ci, je crains bien que la *Lettre Circulaire* ne puisse se relever
des coups qu'elle a déja reçus. La calomnie qui n'a d'autre appui que la calomnie,
est un abîme qui appelle un autré abîme. Celui qui les débite, merite-t'il la
moindre créance ? Pourfuivons.

Vous citez quelques mots des Lettres tronquées de Janfenius, dont vous aviez *XII.*
déja abusé dans votre Mandement touchant la fignature du Formulaire. Sont-ce la *Second Acte*
des *Actes authentques* ? Quand les Jéfuites, détenteurs de ces Lettres originales, les *authentique.*
auront déposées en lieu public, & fait imprimer en entier, on commencera, Monfeigneur, à vous écouter. Jufques-là vous nous permettrez de ne faire aucun cas des
extraits que vous en tirez. Si les Jéfuites avoient trouvé dans ces Lettres, les im-
piétés que contient la *Lettre Circulaire*, ils auroient fait, pour en affurer l'authenti-
cité, ce que vous avez fait pour prouver que la copie de la Lettre Circulaire trouvée dans les papiers de M. Bonnery, est écrite de la main de ce digne Pasteur. Mais
les Lettres originales de Janfenius, détenues de uis tant d'années chez les Jéfuites,
n'ont pu recouvrer leur liberté. Qu'on les produife, ces Lettres. Qu'il foit permis de
les voir ; & elles vous feront plus de mal que vous n'avéz efpéré de nous en faire.

Des Lettres de Janfenius vous paffez à une Lettre au Comte d'Avaux, trouvée *XIII.*
dans les papiers du Pere Quefnel. C'étoit une fiction, une badinerie. Le Pere Quef- *Troifieme Ac-*
nel en a donné le dénouement. Il est ridicule d'y revenir. *te authenti-*
que page 14.
Vous faites plus de fond fur des Mémoires qui furent préfentés en 1728. aux *XIV.*
Plénipotentiaires affemblés au Congrès de Soiffons. » Le Congrès de Soiffons, dites- *Quatrieme*
» vous, ne paroiffoit destiné que pour affermir la paix & regler les droits litigieux *Acte authenti-*
» des Souverains. Aux yeux des partifans de Janfenius, c'est un moyen que la Pro- *que.*
» vidence leur fournit pour répandre leur célefte doctrine par toute la terre. Le
» Conseil d'Etat de la cabale en a délibéré. Il est réfolu d'émouvoir tous les Pléni-
» potentiaires. On doit leur fournir des inftructions pour les intéreffer dans la cause
» des Appellans, les animer contre les Jéfuites : leur peindre les *abus de la Cour de*
» *Rome*, les irriter contre fes *entreprifes*, leur propofer les remédes contre les funef-
» tes effets de *fa fine & dangereufe politique* ; enfin leur faire fentir les *intérets* de leurs
» maîtres, à prendre en main la défenfe des Janfenistes opprimés. C'est, ajoutez-
» vous, ce que nous apprend une Lettre en forme de Mémoire datée du 28. Avril
» 1728. trouvée parmi les papiers de M. Petitpied.

Les avez vous lûs, Monfeigneur, ces Mémoires qui vous paroiffent fi capables d'indifposer contre nous ? S'ils étoient demeurés fecrets , peut-être pourroit-on y foupçonner du myftere : mais ils font devenus publics par l'impreffion. Que contiennent-ils , qui ait pu vous donner lieu de nous repréfenter comme des hommes qui *cabalent* , qui fe croyent affez puiffans pour *traiter avec tous les Potentats de l'Europe* , & qui cherchent à *émouvoir leurs Plenipotentiaires*. (Inft. pag. 14. & 15.)

(I. Mémoire) Inftruire les Princes Catholiques des maux que caufe dans l'Eglife de France la Bulle *Unigenitus* : montrer qu'il n'eft pas permis aux autres Eglifes de demeurer dans le filence fur ce fatal Décret , défirer que de toutes parts on fe réuniffe pour procurer la convocation d'un Concile qui puiffe pacifier tout , & réunir tout : (II. Mémoire) Faire connoître les Jéfuites , leur efprit de domination , leur crédit dans toutes les Cours , leur politique , leur ambition , leur avarice , leur doctrine pleine d'orgueil , leur morale corrompue , leurs maximes pernicieufes. Eft-ce là , Monfeigneur , ce que vous appellez *cabaler* ? C'eft dire ce que l'on voit : c'eft en être touché : c'eft y chercher le remède ; mais ce n'eft pas révolter ; ce n'eft pas aigrir , ni vouloir tout brouiller.

En montrant aux Princes l'intérêt qu'ils ont à fe tenir en garde contre une Bulle dont l'enregîtrement ne s'eft fait dans nos Parlemens qu'avec des modifications qui affurent au Roi l'indépendance de fa Couronne , on a été bien éloigné de contefter au Souverain Pontife aucune des prérogatives qui lui appartiennent. Nous reconnoiffons exprefsément dans notre premier Mémoire , (page 9.) la primauté du Pape & fa jurifdiction de droit divin dans toute l'Eglife. Que demandezvous de plus ? Les ennemis du Souverain Pontife le font defcendre d'un rang ou il a été placé de la main de Dieu même. Ses adulateurs lui élévent un thrône au-deffus de celui que Dieu lui a marqué. Sommes-nous ennemis , parceque nous ne favons pas flatter.

Attachés inviolablement au Siége de Pierre comme au centre de l'unité : pleins d'amour & de refpect pour le fouverain Pontife , nous ne fommes ni ennemis ni flateurs. Mais nous difons avec courage : Qui êtes-vous pour ofer corriger l'ouvrage de votre Dieu ? Ne feriez-vous point du nombre des derniers , Monfeigneur , ? il paroit que vous ne nous accufez d'être ennemis du S. Siege , que parceque vous tombez dans l'excès de la flaterie à fon égard. Dans les réflexions que vous faites *Inftruction page 15.* fur nos Mémoires : » Sont-ce là , dites-vous , les moyens que Jefus Chrift a enfei- » gnés à fes Apôtres pour fonder fon Eglife , & établir la foi de fon Evangile ? De- » voient-ils mêler à leur prédication , les intérêts des Princes ? & prévenir les Sou- » verains fur *les fuites de cette Primauté* accordée au Chef du Collége Apoftolique ? « Qu'appellez vous les fuites de la Primauté ? l'infaillibilité du Pape ? fa fupériorité au deffus du Concile général ? le pouvoir de déthrôner les Rois , s'ils tombent dans l'héréfie , & de difpenfer leurs fujets du ferment de fidélité ? Bien certainement nos Mémoires ne conteftoient pas au Pape la primauté & la jurifdiction de droit divin dans toute l'Eglife. ils ne tendoient qu'à exciter les Princes à fe prémunir , à l'exemple de la France , contre les fauffes prétentions de la Cour de Rome. Et vous appellez ces fauffes prétentions , *les fuites de la Primauté.* C'eft au Roi , c'eft aux Parlemens , dépofitaires de fon autorité , qu'il convient d'examiner fi les *fuites* d'une pareille doctrine ne font point à craindre dans un Etat.

XV.
Cinquieme Acte authentique. *Inftruction* page 17.
Ibid. page 18. Je n'oublie pas , Mg. que vous nous avez accufés de foutenir que les *Commandemens de Dieu ne font pas poffibles à ceux qui les violent ; que la grace eft efficace fans aucune coopération de notre part ; qu'elle fait tout en nous fans nous ; qu'elle nous impofe une néceffité antécédente ; que nous ne reconnoiffons d'autre liberté que celle qui eft oppofée à la contrainte ; que nous n'avons aucune part aux actions de la piété ; que c'eft un orgueil criminel de croire que nous puiffions avoir aucun mérite ; que J. C. n'eft pas mort pour les réprouvés , & que Dieu ne leur donne aucune grace.* Je vous l'avoue. J'ai impatience de voir les *Actes authen-*

authentiques sur lesquels vous appuyerez ce que la *Lettre Circulaire* nous fait dire sur tous ces points. Mais quel est mon étonnement ? Vous citez six fois de suite la Lettre Circulaire pour prouver ce que dit la Lettre Circulaire. Vous ne citez qu'elle ; & ces *Actes authentiques* qui devoient justifier tout ce qu'elle avance, ne sont pas même indiqués. C'est la *Lettre Circulaire* qui se rend témoignage à elle-même. De ce nombre innombrable d'Ecrits sortis de nos mains, elle n'en trouve aucun qu'elle puisse interpréter en sa faveur. Tous la désavouent, parceque tous disent le contraire. Que ceux qui ne connoissent pas nos parties adverses, apprennent à les connoître. Est-ce ainsi que l'on tient ses promesses ? Non : mais c'est ainsi que l'on se joue de la crédulité des simples.

Après tout, devoit-on s'attendre que vous nous convaincriez par *Actes authentiques* de soutenir les erreurs grossieres que la Lettre Circulaire nous met dans le cœur ? Ces erreurs sont les mêmes qui ont été condamnées dans les cinq fameuses Propositions. Qu'il y a long-tems, Monseigneur, que nos disputes seroient terminées, s'il eût été aussi aisé de trouver dans Jansenius les propositions énoncées dans la Lettre Circulaire, comme il l'a été de les faire condamner ! Non-seulement nos disputes seroient terminées, mais il ne s'en seroit élevé aucune ; car quel est le Théologien qui n'eût horreur du Livre de Jansenius, s'il y avoit lu les propositions impies qu'on lit dans la Lettre Circulaire ? J'en dis de même du Livre des *Reflexions morales.* Clement XI. en a extrait les propositions qu'il a cru les plus mauvaises. Comparez-les avec celles de la Lettre Circulaire : vous ne trouverez pas plus de différence entre la lumiere & les ténébres. Mais dans quel Ecrit trouvera-t'on les propositions de la Lettre Circulaire, si elles ne sont ni dans Jansenius, ni dans le Pere Quesnel ? C'est trop peu dire. On lit dans ces deux Auteurs les propositions contradictoires en mille endroits.

Je ne dois pas dissimuler ce que vous faites dire à Jansenius, ni ce que vous rapportez du Ministre Jurieu. » Le Concile de Dordrecht, dit Jansenius, est achevé... » Ils suivent presque entierement la doctrine des Catholiques au fait de la prédesti- » nation & réprobation, retranchant tout ce qu'il y avoit d'aigre en l'opinion de » Calvin. (*a*) Les Jansenistes, dit Jurieu, se sont entierement rapprochés de nous » sur les matieres de la grace, mais en se rapprochant de nous, ils ont travaillé à » nous éloigner d'eux. Pour se justifier d'être Calvinistes, ils nous attribuent des pen- » sées, non-seulement que nous n'avons pas, mais qu'ils savent très-bien que nous » n'avons pas. « Ces deux textes, le premier tiré d'une Lettre de Jansenius à M. de S. Cyran, l'autre du libelle de Jurieu intitulé : *l'Esprit de M. Arnauld*, serviront à faire connoître, non l'Esprit de **M.** Arnauld & des prétendus Jansenistes, mais l'Esprit de M. de Charancy & des Jésuites. Il n'est pas douteux, Monseigneur, que vous n'ayez eu envie de prévenir contre nous un lecteur peu instruit. Les Jansenistes d'accord avec le Synode de Dordercht ! Voilà dequoi étourdir les simples, & révolter les demi-savans. Mais, quand on sait que les Calvinistes ont abandonné la dureté & l'impiété du systême de Calvin ; que les uns, qui ont eu pour Chef Arminius, en s'éloignant de l'hérésie de Calvin, ont donné dans l'extrémité opposée ; que les autres ont embrassé le Thomisme à quelque chose près, & que le Synode de Dordrecht a prononcé en faveur de ces derniers, l'indignation que l'on avoit conçue d'abord contre Jansenius & ses défenseurs, retombe à plomb sur l'Auteur de la Lettre Pastorale & ses Conseillers. Ignorent-ils que nos Controversistes tombent d'accord, que les Prétendus Réformés sont revenus à de meilleurs sentimens sur les matieres de la grace ? Le Cardinal de Richelieu dans son *Traité qui contient la méthode la plus facile & la plus assurée pour convertir ceux qui se sont séparés de l'Eglise*,

(*a*) M. de Charancy auroit dû ajouter ce qui suit, *hormis qu'ils retiennent la certitude de la Prédestination, l'inamissibilité de la justice, & quelques autres suites.*

C

dit : » Pour ce qui regarde précisément la prédestination ou l'élection à la gloire,
» non seulement nous n'avons point de dispute fondamentale avec nos adversaires ;
» mais à proprement parler, il semble que nous n'en avons point du tout avec eux,
» & qu'ils s'expliquent à peu près comme nous en ce point. Quant à la réprobation,
» ils ne peuvent aussi avoir de différent avec nous maintenant qu'ils ont corrigé leur
» opinion, avouant contre ce qu'en a dit Calvin, que les réprouvés ne sont destinés &
» condamnés aux peines, qu'après la prévision de leurs péchés. Et Dumoulin & Ri-
» vet reconnoissent encore, que Dieu n'est pas auteur du péché, & qu'il n'y pousse
» & n'y porte point ; mais seulement qu'il le permet. Il en est presque de même du
» franc arbitre de l'homme duquel, encore que Luther & Calvin après lui ayent
» parlé en termes que l'Eglise a toujours censurés & anathématisés, & que pour cette
» raison ils ayent été condamnés justement par le Concile de Trente, néanmoins
» leurs Sectateurs, & particulierement quelques Ministres de ce tems ont modéré
» leurs sentimens & leurs termes ; ensorte qu'ils ne se trouvent pas beaucoup éloi-
» gnés de ceux de l'Eglise Catholique. «

M. Camus Evêque de Belley, dans son *Avoisinement des Protestans vers l'Eglise
Romaine*, reconnoit la même chose. » Les Protestans, dit-il, se rangent assez vo-
» lontiers vers l'opinion de ceux qui tiennent la prédestination physique de la grace.
» En quoi ils conviennent avec ceux des Romains qui la soutiennent aussi. «

Edit de Paris 1703.

» Sur la matiere de la prédestination & de la réprobation, disent MM. de Wa-
» lenburch, les Réformés suivent communément en ce tems-ci les Thomistes &
» Bellarmin. «

Compend. Controv. ch. 54. Tome II. page 41. Ibidem ch. 55. page 42. Ibidem ch. 60. page 44.

Quant au libre arbitre » ils conviennent avec les Catholiques, que l'homme est
» exempt de contrainte. Ils reconnoissent aussi l'exemption de necessité naturelle,
» qui détermine la volonté à une seule chose. Et à l'égard de l'opération de la grace
» sur le cœur de l'homme, ils conviennent encore, que l'homme coopere à la grace
» de Dieu dans sa conversion ; car dans le même instant, continuent MM. de Wa-
» lenburch, Dieu fait que par la grace nous voulons, & que nous voulons réelle-
» ment. Il remue & flechit la volonté, afin que vraiment & proprement nous fas-
» sions de bonnes actions, & que nous consentions pleinement à sa parole & à ses
» promesses, que nous esperions en lui, que nous l'aimions, & que par-là nous
» soyons justifiés. Cependant, à l'égard de Dieu, notre coopération n'est pas telle
» que la coopération de Dieu à notre égard : car toute notre coopération est l'o-
» pération de Dieu même, qui fait que nous faisons ; au lieu que la coopération
» de Dieu n'est pas notre opération, en ce sens que ce soit nous qui fassions que
» Dieu opere en nous. *(a)*

Méthode de traiter des Controverses 3. partie.

Pour ce qui est du Synode de Dordrecht voici ce qu'en dit le Pere Veron : » Il
» contient expressément une solemnelle abjuration de la doctrine de Calvin sur la
» réprobation en ces termes : *Les Eglises Réformées, non seulement ne reconnoißent
» point, mais même détestent de tout leur cœur ces absurdités & ces erreurs : Que Dieu
» par le seul & pur plaisir de sa volonté, sans nul respect ou regard à aucun péché, a pré-
» destiné & créé à la damnation éternelle la plus grande partie du monde ; que ne plus ne
» moins que l'élection est la fontaine & la cause de la foi & des bonnes œuvres, que tout de
» même la réprobation est la cause de l'infidélité & impiété* ; qui toutefois, dit le Pere
» Veron, sont les deux articles enseignés par Calvin & par les Confessions Calvi-
» nistes prises en leur vrai sens, origine de toutes leurs autres fausses doctrines sur
» le sujet de la justification. «

Digres. sur le Synode de Dordrecht, page 788.

Le Pere Veron nous a donné un Extrait du Synode de Dordrecht traduit en no-

(a) Il faut lire MM. de Walemburch depuis le chapitre 55. jusqu'an 60. inclusivement. La
matiere y est traitée à fond, & l'on y voit combien les Prétendus Réformés se sont rapprochés
de nous.

tre langue , où fuivant pas-à-pas ce Synode , il montre en quoi il diffère d'avec nous. Or voici de quelle maniere s'exprime le Synode dans la defcription qu'il fait de la converfion du pécheur

» Art. IX. Quant à ce que plufieurs appellés par le miniftére de l'Evangile, ne
» viennent ni ne fe convertiffent point, la faute n'en eft point en l'Evangile, ni
» en Jefus-Chrift offert par l'Evangile, ni en Dieu qui par l'Evangile les appelle
» & même leur départ divers dons : ains en ceux-là mêmes qui font appellés dont
» les uns par leur nonchalance ne reçoivent point la parole de vie, les autres la re
» çoivent voirement, mais point dedans le cœur, & pourtant après une joie le-
» gere d'une foi temporelle *(a)* ils reculent en arrière ; les autres par les épines
» des follicitudes & par les voluptés de ce fiecle étouffent la femence de la parole,
» & n'apportent aucun fruit ; comme Notre Sauveur enfeigne en la fimilitude de
» la femence.

» Art. X. Mais quant à ce que les autres appellés par le miniftére de l'Evangile,
» viennent & font convertis, cela ne doit être attribué à l'homme, comme s'il
» fe difcernoit foi-même par fon franc arbitre d'avec les autres, qui auffi font pour-
» vus de pareille & de fuffifante grace pour croire & fe convertir ; (ce que main-
» tient la fuperbe hérélie de Pelage) mais doit être attribué à Dieu, lequel comme
» il a élu les fiens de toute éternité en Chrift, les appelle auffi efficacieufement en
» leur tems, leur donne la foi & la repentance, & les ayant délivrés de la puif-
» fance des tenebres les tranfporte au Royaume de fon Fils, afin qu'ils annoncent
» les vertus de celui qui les a appellés des tenebres à fa merveilleufe lumiere, &
» qu'ils ne fe glorifient point en eux-mêmes, ains au Seigneur, comme l'Ecriture
» Apoftolique témoigne en plufieurs endroits.

» Art. XI. Au refte, quand Dieu exécute ce fien bon plaifir és Elus, ou quand
» il les convertit, il ne prouve pas feulement que l'Evangile foit prêché extérieu-
» rement, & n'illumine pas feulement puiffamment leur entendement par le S.
» Efprit, à ce qu'ils entendent & difcernent droitement les chofes qui font de l'Ef-
» prit de Dieu ; mais par l'efficace du même Efprit de regeneration, il penetre juf-
» qu'au plus profond de l'homme, ouvre le cœur qui eft fermé, amolit le cœur dur,
» circoncit le prépuce du cœur, épand de nouvelles qualités en la volonté, & fait
» que de morte elle devient vive ; de mauvaife, bonne ; de non-volontaire, volon-
» taire : de revefche, obéiffante ; befogne en elle & la fortifie, afin que comme un
» bon arbre elle puiffe produire bons fruits.

» Art. XII. C'eft-la cette régénération tant celebrée és Ecritures, ce renouvel-
» lement, cette nouvelle création, relevement des morts, & vivification, laquelle
» Dieu opere en nous fans nous. Or ne fe fait-elle aucunement par la feule doctrine
» battante l'oreille, ou perfuafion morale & qui fe fait par raifons, perfuafions, ou
» par quelqu'autre telle maniere d'operer, qu'après que Dieu a befogné de fa part,
» il demeure en la puiffance *(a)* de l'homme d'être régénéré ou non, d'être con-
» verti ou ne l'être point ; mais c'eft une operation entierement furnaturelle, trés-
» efficace & enfemble trés-douce, admirable, fecrete & ineffable, laquelle felon
» l'Ecriture (qui eft infpirée par l'auteur de cette opération) quant à l'efficace n'eft

(a) Le Pere Veron. Ce Synode ne parle plus felon Calvin & les Calviniftes qui enfeignent qu'il n'y a point de vraie foi *temporelle* ; mais que la vraie foi eft donnée *aux feuls* élus, & qu'elle ne fe perd jamais, & qui *la perd ne l'a jamais eue.*

(b) Le Pere Veron Sinon que ces termes doivent tellement s'entendre qu'ils n'ôtent pas le libre arbitre. Nos Théologiens en nos Ecoles difent que la volonté n'a pas puiffance de ne fe convertir pas, la grace efficace fuppofée *in fenfu compofito* ; car cette grace efficace renclofe en foi le confentement du libre arbitre, mais qu'elle a cette puiffance *in fenfu divifo.*

» en rien inférieure à la création ou refurrection des morts ; tellement que tous
» ceux és cœurs defquels Dieu opere de cette façon admirable, font certainement,
» infailliblement, & efficacement régénérés & croient actuellement. Et alors la
» volonté deja renouvellée, n'eft pas feulement pouffée & émue de Dieu : ains étant
» pouffée de Dieu, elle même befogne auffi ; & pourtant l'on peut fort-bien dire
» que l'homme même croit & fe repent par le moyen de la grace qu'il a reçue.

» Art. XIV. Ainfi donc la foi eft un don de Dieu, non parcequ'elle eft offerte
» de Dieu au franc arbitre de l'homme, mais parcequ'en effet elle eft conferée,
» infpirée & infufe en l'homme : non pas auffi pour ce que Dieu donne feulement
» la puiffance de croire, & que par après il attende que la volonté de l'homme y
» confente, ou croie de fait, mais parceque lui qui opere & le vouloir & le faire,
» voire qui opere tout en tous, produit en l'homme & le vouloir croire & le croire

» même.
» Art. XVI. Or comme par la chûte, l'homme n'a pas laiffé d'être homme doué
» d'entendement & de volonté ; & le péché qui s'eft répandu par tout le genre
» humain, n'a pas aboli la nature du genre humain, ains l'a dépravé & tué fpiri-
» tuellement ; ainfi cette grace divine de la régénération n'opere point ès hommes
» comme en des troncs & des fouches de bois, ni n'ôte pas la volonté & fes proprie-
» tés, & ne la force ou contraint contre fon gré, ains la vivifie fpirituellement, la
» guerit, corrige & fléchit non moins doucement que puiffamment, afin que là
» où auparavant dominoit pleinement la rebellion & refiftance de la chair, main-
» tenant commence à regner la prompte & fincere obéiffance de l'efprit, en quoi
» confifte le vrai & fpirituel établiffement & la liberté de notre volonté. Et n'é-
» toit que cet admirable ouvrier de tout bien befognât de cette forte en notre en-
» droit, il ne refteroit aucune efperance à l'homme de fe relever de fa chûte par
» le franc arbitre, par lequel il s'eft précipité en perdition, lorfqu'il étoit debout.

Jufqu'ici je n'ai fait que copier le Pere Veron, qui reconnoit pour catholiques
tous les articles ci-deffus énoncés. Ils le font en effet ; & je n'ai garde de ne pas
foufcrire au jugement de ce Controverfifte, qui parle là en bon Théologien & non
en Jefuite. Je remarque feulement, que quand le Synode dit (Art. XII.) que Dieu
opere en nous *fans nous la nouvelle création & vivification des morts*, il eft vifible que
ce Synode ne parle en cet endroit que de la grace par laquelle Dieu prévient le pécheur. Dieu commence lui feul à toucher, à remuer le cœur : il opere en nous fans
nous le premier mouvement indéliberé de la volonté ; mais il n'opere pas fans nous
le confentement. C'eft ce que reconnoit le Synode dans cet article même, où il
dit que *la volonté n'eft pas feulement pouffée & émue de Dieu, mais étant pouffée de
Dieu, elle-même agit auffi ; ce qui fait que l'on peut très-bien dire que l'homme croit & fe
répent par le moyen de la grace qu'il a reçue.* La même doctrine eft établie, Article
XVI. Le Synode y déclare que la grace de la génération *n'opere pas dans les hommes
comme en des troncs & des fouches de bois, ni n'ôte point la volonté & fes propriétés.* C'eft
reconnoître la coopération du libre arbitre, & rejetter formellement l'erreur que
le Concile de Trente a condamnée dans Luther.

Je terminerai cette note par le jugement que porte le Pere Veron de la cenfure
que fait le Synode, de ceux qui font dépendre du libre arbitre l'opération de la
grace, & qui la lui foumettent. La voici dans les propres termes rapportés par le
Pere Veron.

» La doctrine orthordoxe ayant été expofée, le Synode rejette les erreurs de
» ceux (Art. VIII.) lefquels enfeignent qu'en la régénération de l'homme,
» Dieu n'emploie point telles forces de fa toutepuiffance, que par icelles il fléchit
» puiffamment & infailliblement fa volonté pour croire & fe convertir, mais qu'é-
» tant pofées, toutes les opérations de la grace, de laquelle Dieu fe fert pour convertir

» vertir l'homme, que toutefois l'homme peut résister à Dieu & au S. Esprit, lors même
» que Dieu se propose & le veut régénérer , & qu'aussi l'homme lui résiste souvent en
» effet, tellement qu'il empêche entierement la régénération; voire qu'il demeure en sa
» puissance d'être régénéré, ou de ne l'être point. Car cela n'est autre chose qu'-
» ôter à Dieu toute l'efficace de sa grace en notre conversion , & assujettir l'ac-
» tion de Dieu-tout-puissant à la volonté de l'homme, & ce contre les Apôtres qui
» enseignent (*Eph.* I. 19.) Que nous croyons selon l'efficace de la puissance de
» sa force. Et 2. *Thess.* I. 11. Que Dieu accomplit en nous tout le bon plaisir de sa
» bonté , & l'œuvre de foi puissamment. *Item.* 2. *Pet.* I. 3. Que sa divine puis-
» sance nous a donné tout ce qui appartient à la vie & pieté. «

Le P. Veron convient que cette censure est juste , & ajoute qu'elle *rejette la seule
doctrine des Pelagiens.*

Ce que je viens de rapporter du Synode de Dordrecht & du P. Veron , montre
combien ce Controversiste étoit éloigné de regarder la doctrine du Synode , touchant la conciliation du libre arbitre avec la grace , comme contraire à la doctrine de l'Eglise. Au reste il ne s'agit pas ici des erreurs enseignées par le Synode
de Dordrecht , & combattues par M. Arnauld dans le renversement de la morale.

Il est donc certain que nous n'avons plus de differend avec les Calvinistes mo-
dernes , (a) ni touchant l'accord de la grace avec la liberté , ni sur la prédestination gratuite & la réprobation en conséquence des démerites. De l'aveu des plus
habiles Controversistes , ces trois points ne peuvent faire un sujet de rupture entre les Catholiques & les Prétendus Réformés. Qu'il est triste pour nous , Monseigneur , que vous nous mettiez dans la nécessité de nous plaindre du procédé si peu
chrétien dont vous usez à notre égard ! Ou vous saviez que le Synode de Dordrecht
a abjuré la doctrine de Calvin sur les articles que je viens de marquer , ou vous ne
le saviez pas. Le savoir ; & n'en rien dire ! Savoir que votre silence induira les
simples à nous attribuer des erreurs que nous détestons ; & se taire : quelle malice !
Si vous ne le saviez pas , pourquoi écrivez-vous ? Mais vous le saviez , & j'en
donne la preuve.

Vous avez lu , Monseigneur , le Chapitre du Livre de Jurieu d'où vous avez
extrait ces paroles , *Les Jansenistes se sont entierement rapprochés de nous sur les matieres de la grace* &c. Vous avez puisé même dans ce Chapitre l'érudition dont
vous faites parade contre nous , (b) en nous réprochant que les Ministres Drelin-
court , Samuel Marets , & Henry Otius ont fait l'éloge de la doctrine de Jansénius. Le Ministre Jurieu , dans le dessein de faire paroître M. Arnauld peu d'accord avec lui-même , cite contre lui une Lettre à M. d'Aubusson Archevêque
d'Embrun , dans laquelle les Théologiens de Port-Royal se justifient de l'accusation que vous renouvellez contre nous. Alors comme aujourd'hui , on prétendoit
que les éloges donnés par les Ministres au Livre de Jansénius , étoient la preuve
que Jansénius pensoit comme Calvin. Vous avez pris , Monseigneur , de l'extrait
rapporté par Jurieu , l'accusation que vous formez contre nous : mais vous vous
êtes bien donné de garde de parler de la réponse qu'y font Messieurs de Port-Royal. La voici , telle qu'on la lit dans Jurieu : » Si vous étiez mieux informé , dit-
» on à M. d'Embrun , des opinions des nouveaux Protestans sur le sujet de la
» grace , vous n'auriez pas souffert que votre Apologiste eut tiré avantage de ce
» qu'ils approuvent Jansénius Car tant s'en faut qu'il s'ensuive de là , que Jansé_

XVIII.
Mauvaise foi
de M. de Cha-
rancy.
*Esprit de M.
Arnauld.*
Tome 2. ch. 1
Observation
12. page 7.
Lettre Pastor.
page 34. &
35. Esprit de
M. Arnauld
Tome 2 page
23.
Ibidem page 25

(a) Je ne parle que de ceux que l'on appelle Gomaristes , & non pas Arminiens dont on prétend que le parti se fortifie tous les jours. *Voyez l'éclaircissement qui est à la page* 10. *touchant le Synode de Dordrecht.*

(b) L'Ecrit de MM. de Port-Royal étoit intitulé : *Réfutation de la Lettre à un Seigneur de la
Cour servant d'Apologie à M. l'Archeveque d'Embrun.*

D

» nius soit conforme à Calvin , qu'il s'ensuit tout le contraire , puisque *les nou-*
veaux Protestans ont abandonné Calvin , & se sont reduits à l'opinion commune de S.
» *Thomas .* C'est ce que reconnoît en peu de paroles un savant Dominicain qui

Le Pere Baron dans son Livre de l'héréfie convaincue. page 313.

» a écrit depuis peu contre les hérétiques. *Que dirons-nous , dit cet Auteur , de la*
» *grace efficace ? Comment pourrons-nous accorder les Catholiques avec les Sacramentaires*
» *qui ôtent le libre arbitre , & qui disent que la volonté est nécessitée au bien par l'efficace*
» *de la grace , & au mal par l'efficace d'erreur & par la corruption de la nature ? Sans*
» *parler des Arminiens qu'ils ont retranchés de leur communion dans le Synode de Do-*
» *drecht comme Pélagiens , les plus savans d'entre eux se rangent enfin à nos Théologiens.*
» *Tuissius , qui à mon jugement a traité le plus doctement de la Scholastique , confesse*
» *qu'il suit l'Ecole de Scot ; & Amelius auteur du Livre qui a pour titre* BELLARMINUS
» ENERVATUS *, défend la liberté comme les disciples de saint Thomas par l'efficace*
» *de la grace , qui consiste , dit-il , en ce que Dieu fait en nous & avec nous , non-seule-*
» *ment la substance de l'opération , mais encore la maniere & la liberté dont elle doit*
» *être faite par la créature raisonnable.* Il n'est donc pas étrange , reprennent MM.
» de Port-Royal , que les Calvinistes qui renoncent à Calvin pour embrasser la
» doctrine de saint Thomas, approuvent Jansenius. «

Voilà , Monseigneur, ce que vous aviez sous les yeux, quand vous nous avez
reproché d'être d'accord sur la grace avec le Synode de Dordrecht. Vous n'ignoriez donc pas que le Synode de Dordrecht a condamné sur ce point la dureté du
système de Calvin. Vous n'ignoriez pas que Messieurs de Port-Royal ont répondu
à l'accusation que vous faites revivre contre nous. Cependant vous n'en dites rien ,
parceque vous voulez que l'on croie que nous pensons comme Calvin. A ce trait
je reconnois la prudence du serpent : mais qu'avez-vous fait de la simplicité de la
colombe ?

Quant au Ministre Jurieu , il vous dit nettement qu'il soutient la grace efficace par elle même, qu'il reconnoit un pouvoir actif dans le libre arbitre sous l'o-
pération de la grace la plus efficace. » Il est faux, dit-il que nous disions que l'ame
» dans l'œuvre de la régénération , *soit comme un tronc & comme une chose inanimée ,*

Tome 2. page 7 & 8.

» *qui ne coopere point avec la grace & ne consent pas librement.* Nous ne disons rien que
» ce que disent nos Messieurs : (Messieurs de Port-Royal.) C'est que les premiers
» dégrés de la grace prévenante trouvent l'ame morte en ses fautes & péchés , in-
» capable de se mouvoir par elle-même, tellement que cette grace prévenante ne
» devient point grace efficace par les forces du franc arbitre , *elle est efficace par*
» *elle-même & par sa propre vertu :* mais la grace prévenante , en devenant efficace ,
» attire pourtant la volonté par des charmes qui *ne violent point la liberté*; elle fait
» vouloir & vouloir *librement,* La volonté ne prévient & ne détermine point la
» grace , il est vrai ; mais la volonté coopere pourtant avec la grace qui la prévient
» & qui la détermine. «

Ce langage , Monseigneur , est-il hérétique ? Le Concile de Trente l'auroit-il
censuré , si Calvin l'avoit employé ? Jurieu feint que nous nous rapprochions de
lui ; & c'est lui qui dans la vérité se rapproche de nous. Pourquoi ne le dites-vous
pas ? Pourquoi faites-vous entendre le contraire ? Mais Jurieu ne dit pas seulement
des Prétendus Janfenistes qu'ils se sont rapprochés des Calvinistes, ille dit des Thomis-

Ibidem page 1.

tes également. *Sur les cinq propositions ,* dit-il *, nous tenons la même chose que les Thomis-*
tes & les Janfenistes. Il ajoute , que Calvin lui-même n'a pas soutenu les erreurs que
le Concile de Trente condamne sur le point de la grace & de la liberté. Ce qui lui

Ibidem page 6.

fait dire ; *Nous regardons les anathèmes du Concile de Trente, comme des foudres brutes*
qui ne nous touchent point. Je n'ai garde de convenir de tout ce que dit Jurieu : mais
je me plains de l'affectation avec laquelle vous faites tomber sur nous seuls des traits
que Jurieu lance également sur l'Ecole de saint Thomas , sans épargner même
le Concile de Trente.

Parlerai-je maintenant de ces vieilles calomnies que vous faites revivre contre la mémoire de M. de Saint-Cyran ? Autant de fois on les a hazardées, autant de fois on les a détruites & confondues. Quelle honte pour un Evêque d'abandonner à la haine des Jésuites le défenseur de l'Episcopat contre les Jésuites ! Aurelius, ennemi du Concile de Trente ! Aurelius, enseigner que l'Eglise est perie depuis six cens ans ! Accusation folle : mensonge impudent ; contre lequel les Ouvrages imprimés & non imprimés de M. de S. Cyran ont toujours reclamé. Les papiers saisis en trés-grand nombre chez ce savant homme, furent examinés avec soin par ordre du Cardinal de Richelieu ; & dans cette multitude d'Ecrits, pas une ligne qui pût être le sujet d'une accusation serieuse. Au contraire, ceux qui furent chargés de l'examen, pleins d'admiration de ce qu'ils avoient lu en firent au Cardinal un rapport si avantageux, qu'il ordonna que tout fût rendu à l'Auteur. Mais où vais-je, & quel est mon dessein ? Me convient-il d'entreprendre l'Apologie de M. de S. Cyran après votre illustre Prédécesseur ? Qu'il me suffise de vous y renvoyer. Il a vengé la mémoire du saint Prêtre. Il a arrêté la main qui venoit troubler ses cendres. Il a tonné contre M. de Marseille. Que vous êtes sourd, si vous n'entendez pas la voix de ce tonnere !

Je me hâte de passer à la défense d'un autre serviteur de Dieu, M. Hamon, que vous accusez de nier *la nécessité de la Confession dans un Livre approuvé par M. Nicole.* Il y enseigne, dites-vous, que *la foi est notre médecine, qu'elle est souveraine pour nous guérir ; que non-seulement elle nous absout de nos péchés, mais qu'il n'y a rien qui nous donne cette absolution avec plus d'avantage.*

Que ne puis-je, Monseigneur, rapporter en entier le Chapitre d'où vous avez extrait ces paroles ? On y verroit à chaque ligne, la piété, les lumieres & l'orthodoxie de M. Hamon ; mais en même-tems on y verroit la mauvaise foi & le peu de religion de son Accusateur. On est effrayé, quand on voit une bouche destinée à consacrer le Corps de Jesus-Christ se livrer sans retenue au mensonge & à la calomnie. Oui, M. Hamon a dit dans les termes mêmes de saint Ambroise, que » la foi est notre médecine ; qu'elle est souveraine pour nous guérir. « *Vide fidem prærogativam medicinæ.* Il ajoute, » que non-seulement elle nous absout de nos » péchés ; mais qu'il n'y a rien qui nous donne cette absolution avec plus d'avan- » tage. Mais de quels péchés M. Hamon parle-t'il ? Des péchés véniels. Et dans quelle occasion ? Pour consoler des Epouses de Jesus-Christ que l'injustice des hommes privoit des Sacremens. Ecoutez, Monseigneur, & lisez l'arrêt de votre condamnation. » L'absolution dans le Sacrement, dit M. Hamon, vient du Prê- » tre & de Dieu : *Quodcumque solveris super terram erit solutnm & in cœlis.* Nous » sommes déliés sur la terre & dans le ciel. Je peux donc dire que, *si l'on m'empê-* » *che de recevoir l'absolution du Prêtre,* on ne peut m'empêcher de la recevoir de » Dieu, lorsque la raison pour laquelle je ne suis point absous par les hommes, est » que je suis fidele à Dieu. Mais je ne m'arrête pas là, continue le pieux Auteur. Je » ne parlerai point ici de la cause pour laquelle je ne suis point absous, quoiqu'elle » puisse suppléer seule avec le vœu du Sacrement, non-seulement à l'absolution » du Prêtre, mais à la réception de l'Eucharistie même & des autres Sacremens. » Car si saint Cyprien dit, que c'est l'Evangile qui fait les Martyrs, & que cette » grande prérogative d'honneur dépend de la cause pour laquelle on meurt, on » ne peut douter que ce qui pouvoit suffire pour faire des Martyrs, peut bien suf- » fire aussi pour nous obtenir la rémission de nos fautes. Je ne dirai donc rien, » poursuit M. Hamon, de cette cause pour laquelle *on nous refuse également la Con-* » *fession & l'Absolution,* & qui suffit pour nous combler de toutes sortes de conso- » lations spirituelles. Je me contenterai de rapporter les diverses manieres dont » nous pouvons recevoir le pardon des PÉCHÉS VENIELS *sans le ministere du Prêtre,*

XIX.

Calomnies contre M. de S. Cyran. On renvoie M de Charancy à l'apologie qu'a fait M. Colbert de ce grand homme.
Instruction page 24. 25.

XX.

M Hamon calomnié. On le justifie.
Instruction page 28.

Traité de pieté pour l'instruction & la consolation des R. de Port-Royal, à l'occasion des épreuves auxquelles elles ont été exposées, page 124.

» Elles sont toutes de l'Ecriture & des Peres. Il me semble, c'est toujours M. Ha-
» mon qui parle, qu'on peut les réduire à *la foi*, à la penitence, à l'aumône, &
» aux bonnes œuvres, à la confession qu'on fait à Dieu de ses péchés, à la priere, à
» la louange de Dieu, qui est la plus excellente priere, à l'humilité, & aux souf-
» frances. Voilà, dit M. Hamon, autant de sources vivantes du pardon *de ces sortes*
» *de péchés*, que le Saint-Esprit nous a ouvertes lui-même. «

Mettez la main *ad pectus*, Monseigneur, cette main ointe de l'onction sainte; &
demandez-vous à vous-même en quelle conscience vous avez pu accuser de *nier la*
nécessité de la confession; un Auteur qui pousse dans tout son Livre des cris lamenta-
bles de ce qu'on refuse à des Vierges innocentes, un secours que l'on prodigue si
souvent à des pécheurs scandaleux & impénitens. En quelle conscience avez-vous
pu lui imputer d'attaquer la nécessité de la confession pour toutes sortes de péchés,
lui qui n'attribue à la foi & aux bonnes œuvres que la rémission des péchés véniels,
& qui dans le cas de nécessité veut que la foi soit jointe au vœu du Sacrement pour
pouvoir remettre les péchés mortels? S'il y avoit encore quelque justice sur la terre
pour les innocens contre lesquels vous portez tant de faux témoignages, que n'auriez vous point à craindre de la colere des hommes? Mais si vous avez assez de crédit pour vous y dérober, qui sera assez fort pour vous arracher à la colere de Dieu.

Il nous vengera d'une nouvelle accusation que vous formez contre nous pour irriter les Princes, & leur rendre notre fidélité suspecte. Car ce n'est pas assez que
vous nous représentiez comme ennemis de Dieu; il faut encore que nous le soyons
des Rois qui sont son image. Au tribunal du souverain Pontife vous dites de nous :
Ils séduisent les Peuples. Devant Ponce Pilate vous dites : Ils défendent de payer le
tribut à César. Mais qui sait mieux que vous, que nous enseignons par tout qu'il
faut rendre à Dieu ce qui appartient à Dieu; à César ce qui appartient à César: &
qu'un des principaux motifs dont nos ennemis se servent pour nous décrier dans l'esprit du Souverain Pontife, est notre attachement à la doctrine qui établit l'indépendance des Rois de toute autre puissance en ce qui concerne le temporel?

C'est dans le Livre du *Renversement des Libertés de l'Eglise Gallicane* que vous
avez cru, Monseigneur, trouver les preuves de notre *esprit de révolte* contre les
Puissances qui nous gouvernent. » Afin, dites-vous, de disposer les esprits au
» soulevement, le sieur le Gros a enseigné dans un Ouvrage celebre, que *l'au-*
» *torité nécessaire pour le gouvernement des Etats, est plus essentiellement attachée à la*
» *société qu'au Chef.* Ainsi, continuez-vous, les peuples en s'armant pour la dé-
» fense de la nouvelle doctrine, ne feront qu'user de l'autorité qui leur appar-
» tient. «

C'est-à-dire, Monseigneur, qu'un Livre qui est fait principalement pour arrêter les entreprises de la Cour de Rome, contre l'autorité du Roi, apprend aux sujets à se soulever contre leur Roi. Si cela est, l'Auteur s'est bien oublié; il est
tombé dans un étrange égarement. Mais ses lumieres, sa sagesse, sa piété me ré-
pondent de la pureté de ses sentimens. Qu'il parle lui-même, & qu'il nous dise
s'il est tel que vous le dépeignez.

» Ceux qui ont écrit des Républiques, dit ce savant Auteur, conviennent,
» comme le remarque le Pere Petau..... que le pouvoir de vie & de mort, par
» exemple, appartient quant à la propriété, au Corps de la République, encore
» qu'il doive être exercé par un ou plusieurs supérieurs, qui réglent, qui ordon-
» nent, qui jugent, qui punissent en son nom. C'est ce qu'il assure qui est ensei-
» gné, & ce qui l'est en effet, par Almayn, par Victoria, par Bellarmin, & com-
» munément par les autres auteurs C'est Dieu qui a accordé, soit par le droit na-
» turel, soit par une concession gratuite, aux Etats & à ceux qui les gouvernent,
» l'autorité nécessaire pour réprimer les injustices & les violences qui détruiroient

la

XXI.
M. le Gros
calomnié.
Son innocence
démontrée.
Page 33.

Renversement
des Libertés
Tome I. page
344.

» la société. Mais cette autorité est plus essentiellement attachée à la société qu'au
» Chef qui la gouverne. Les personnes qui l'exercent, meurent, & sont remplacées
» par d'autres: le Corps ne meurt point. La forme même du gouvernement peut
» changer ..... mais .... lorsque la forme du Gouvernement change, il semble
» que le fond de l'autorité ne change point, & que la République ne le perd point
» pour cela. La nation Romaine, par exemple, possédoit toujours la propriété de
» la puissance, soit sous les Rois, soit sous les Consuls, ou les Empereurs. C'est
» ce qui paroît indubitable à l'égard des Etats électifs, & de tous ceux dont le
» gouvernement est Aristocratique ou Démocratique. Et dans les Monarchies
» même hereditaires, quelque absolu que soit le pouvoir des Rois, ils sont tou-
» jours ministres de Dieu & de la République. De là vient qu'ils ne peuvent alié-
» ner les droits de leur Couronne, qu'il y a des loix qui reglent leur succession,
» & que s'ils meurent sans héritiers, la République peut se choisir un Chef. «

Voilà, Monseigneur, le texte entier d'où vous avez extrait les paroles dont
vous faites un crime au défenseur de nos libertés. Il ne parle que d'après le Pere
Petau, Bellarmin & le commun des Théologiens. Ce qu'il dit, il l'appuie de rai-
sons claires, sensibles, que l'experience justifie tous les jours. Est-ce innocemment
que vous avez retranché de son texte, ce qui précede & ce qui suit les deux lignes
que vous en rapportez ? Par-là, vous faites d'un sujet fidele un ennemi de son
Roi, vous à qui je reprochois il n'y a qu'un moment d'enseigner aux sujets du
Roi que les fausses prétentions de la Cour de Rome contre l'indépendance des
Rois, *sont des suites de la Primauté.* Ce trait me rappelle l'histoire d'Aman & de
Mardochée : mais par respect pour le sacré caractére dont vous êtes revêtu je n'en
ferai pas l'application.

Il me reste à parler de ce *complot* que M. Lafiteau que vous copiez, appelle le
plus abominable qu'un Docteur catholique ait pu tramer en matiere de Religion. C'est M.
Dupin qu'il en fait auteur. » Le dix Février 1719. dit le Prelat, l'ordre fut donné
» en ma présence, d'aller chez le sieur Dupin, & de saisir tous ses papiers. Sur
» l'heure ils furent tous enlevez. Je me trouvai au Palais Royal au moment qu'on
» les y apporta. Il y étoit dit que les principes de notre foi peuvent s'accorder
» avec la Religion Anglicane. On y avançoit que, sans alterer l'intégrité du
» dogme, on peut abolir la confession auriculaire, ne plus parler de transsubstan-
» tiation dans le Sacrement de l'Eucharistie ; anéantir les vœux de Religion ; per-
» mettre le mariage des Prêtres ; retrancher le jeûne, l'abstinence du Carême ;
» se passer du Pape, & n'avoir plus ni commerce avec lui, ni égard pour ses dé-
» cisions. «

Qui le croira, Monseigneur que l'on ait découvert un complot si abominable ;
& qu'au Palais Royal où l'on prenoit les conseils du Pere Lafiteau, on soit demeuré dans l'inaction ? Plus d'une fois M. Dupin éprouva les effets de la haine des
Jesuites, & fut plaint de ceux qui ne le sont pas ; & dans une occasion qui auroit
révolté contre lui tous les gens de bien, on est muet, on est sans mouvement ! M.
Dupin continue à jouir de sa liberté, de son repos, de ses droits : il assiste aux as-
semblées de Sorbonne : il y tient un des premiers rangs. Deux mois après la découverte de *cet abominable complot* il ratifie en pleine Faculté l'approbation qu'il
avoit donnée en 1687. au Livre du Pere Quesnel. Il meurt cette même année,
& sa mémoire ne reçoit aucune flétrissure ! Le silence de M. Lafiteau sur les suites
qu'auroit eu certainement la saisie des papiers de M. Dupin s'il eut été coupable,
est une preuve invincible de la fausseté des accusations que le Prélat Jesuite in-
tente contre lui. Si l'on a trouvé dans les papiers de M. Dupin les Memoires que
cite M. Lafiteau, reste à savoir de qui ils venoient. Venoient-ils de M. Dupin ou
de l'Archevêque de Cantorbery, qui lui marquoit les conditions qu'il exigeoit

E

XXII.
M. Dupin ca-
lomnié. Ca-
lomnie con-
ondue.
*Lettre Pastorale
page* 33.
*Histoire de la
Constitution,
livre* 5. *page*
86.

pour la réunion ? » Il y avoit long tems , dit ce prélat , qu'on le favoit dans une
» étroite liaifon & dans une relation continuelle avec M. l'Archevêque de Can-
» torbery. «

Si on le favoit , & fi on le taifoit c'eft que l'on n'en apprehendoit rien de fu-
nefte , ni pour l'Eglife ni pour l'Etat.

» Il travailloit , continue fon accufateur , à unir les Appellans à l'Eglife An-
» glicane. «

Non : mais tout le monde fait qu'il defiroit ardemment de réunir l'Eglife Anglicane avec l'Eglife Romaine , dont les Appellans font une portion. Trés certainement ces Memoires n'ont pu venir d'un Catholique. M. Dupin l'étoit , & il en
a donné des preuves en fi grand nombre fur les points de doctrine qu'on lui fait
nier , que j'eftimerois fes accufateurs heureux , s'ils pouvoient établir leur foi fur
des témoignages auffi peu fufpects que le font ceux qui juftifient celle de ce favant
homme.

Mais peut il refter le moindre doute que ces Memoires , s'ils ont jamais exifté ,
ne venoient pas de M. Dupin. M. Lafiteau qui prétend avoir eu communication
des papiers qui contenoient *l'abominable complot* , ne dit point ce qu'ils font devenus. Les a t'on gardés ? Où font-ils ? M. Dupin les a-t'il reconnus ? A-t-il été
interrogé à ce fujet ? A-t on écrit fon interrogatoire ? Qui font les Commiffaires
nommés pour tirer de lui les aveux ou les éclairciffemens néceffaires en pareils
cas ? Voilà bien des queftions , Monfeigneur. Quand vous y aurez répondu , &
que , pour appuyer les faits que vous avancez , vous produirez d'autres garants que
M. Lafiteau , on pourra vous entendre : mais jufques là , votre autorité , jointe à
celle d'un hiftorien fi decrié , ne pourra faire d'impreffion fur un homme à qui il
refte un peu de bon fens & d'équité.

Que dirai-je de la cenfure que vous faites du Livre *du culte des Saints* , & du petit
Ecrit qui a pour titre : *Avis falutaires de la B. V. Marie à fes devots indifcrets* ? Le premier a pour auteur M. de Caftorie , qui connoiffoit mieux que vous les prérogatives de la Sainte Vierge , & qui étoit infiniment éloigné d'y donner atteinte. Le
fecond a eu pour Approbateur M. de Walenburch , fuffragant de Cologne , &
pour Apologifte M. de Choifeul Evêque de Tournay. Le nom & l'autorité de ces
grands Evêques font une digue contre laquelle tous vos efforts viendront fe brifer
en tout tems.

Vous accufez l'Auteur des *Avis falutaires* , d'enfeigner que *Marie ne doit pas être
appellée médiatrice & avocate* ; qu'on ne doit pas dire *qu'elle eft la mere de mifericorde*;
& qu'*il faut compter pour rien les éloges hyperboliques que les faints Peres lui ont donnés.*
Si vous avez lu l'Ecrit que vous citez , il y a dans votre accufation une noirceur
qui fait fremir. Si vous n'avez fait que copier quelqu'un de nos calomniateurs , ma
réponfe va vous jetter dans une étrange furprife : » (*Avis falut.* Edit. de Lille
» 1674. p. 22.) Ne m'appellez pas *médiatrice & avocate* AU MEME SENS QUE
» mon Fils eft proprement *médiateur & avocat.* « Ce font les paroles que l'Auteur
des *Avis* met dans la bouche de la Sainte Vierge. Elles font trop claires pour
avoir befoin de juftification. Défend-on d'appeller la Sainte Vierge *médiatrice &
avocate* , lorfque l'on défend de lui donner ces titres dans le même fens qu'on les
donne à Jefus-Chrift ? La propofition de l'Auteur renferme une verité de foi.
Quelle méchanceté de ne la rapporter qu'en la tronquant ! On allarme la piété :
on fouleve le peuple : on lui fait croire qu'il y a dans l'Eglife un parti ennemi du
culte de la trés-Sainte Vierge : on forme dans l'efprit des fimples des préventions
qui les empêchent d'écouter les Miniftres les plus capables de les préferver des
excès , où l'ignorance & le faux zele les font tomber. Que de crimes d'un

feul ! Ce n'eſt pas tout.

Selon vous, l'Auteur des *Avis* enſeigne qu'*on ne doit point dire que Marie eſt la mere de miſericorde.* Et l'Auteur des *Avis* fait dire à la Sainte Vierge : (Ibid. p. 24 & 25.) » Ne dites pas que Jeſus-Chriſt eſt un juge ſévere, & moi une mere de » miſericorde ; qu'il s'eſt reſervé la *juſtice,* & qu'il m'à donné la diſpenſation de la » *miſericorde.* Dieu eſt un Etre trés-ſimple & indiviſible. Je n'ai point de miſeri- » corde ſi elle ne me vient de lui, & autant qu'il lui plait de m'en donner. C'eſt » lui qui eſt la ſource de toutes les graces & de toutes les miſericordes, & on ne » les ſauroit épuiſer. *C'eſt lui qui reçoit les gens de mauvaiſe vie, & qui mange avec* » *eux ....* Allez donc vous preſenter avec confiance devant le thrône de la grace ; » & que rien ne vous empêche de l'approcher. Si vous avez peur, je vous meneray » à lui, & j'intercéderai pour vous : mais je ne veux pas que vous vous arrêtiez à » moi. «

L'entendez-vous Monſeigneur, ? Qu'y at-il à reprendre dans ce langage que la Religion a dicté ? Ne vouloir pas que l'on ôte à Jeſus-Chriſt la miſericorde pour la donner à la Sainte Vierge, eſt-ce refuſer à Marie le titre de mere de miſericorde ? Quel eſt donc le fondement de votre accuſation ? On condamne dans les faux devots un excès qui va juſqu'à l'impiété ; & n'oſant prendre ouvertement la dé- fenſe de l'Errant, vous calomniez ſans aucune retenue le diſciple de la vérité. Ne craignez-vous point, en traitant vos freres avec des diſpoſitions ſi éloignées de la miſericorde, d'attirer ſur votre tête tous les fleaux de la juſtice divine ?

Enfin, vous faites dire à l'Auteur des *Avis ſalutaires,* qu'*il faut compter pour rien les éloges hyperboliques que les ſaints Peres ont donnés à Marie.* Et l'Auteur ſe con- tente de lui mettre dans la bouche les paroles qui ſuivent : (Ibid. p. 23. & 24.) » Gardez vous bien de m'attribuer par un zele exceſſif & indiſcret, ce qui n'ap- » partient qu'à Dieu ſeul, ou à Jeſus-Chriſt .... Ne dites pas que *je ſuis toute-puiſ-* » *ſante.* Ne dites pas que je *vous ai ſauvez,* ou que *j'ai partagé votre redemption* » *avec mon Fils.* Ne dites pas qu'on peut appeller du tribunal de Dieu au mien... » Que l'on ne vous entende point prononcer, pour me plaire, ces louanges exceſſi- » ves, avec les gloſes dont on tâche inutilement de les excuſer. Je ne veux point » de tous ces titres pompeux & de ces vaines flateries. Que la louange que l'on » me donne, ſoit ſimple, ſoit modérée : qu'elle ne contienne rien qui ſoit équivo- » que, & qu'elle ne ſoit ni exceſſive ni hyperbolique. Ne ſoyez pas cauſe que le » peuple ſimple & groſſier tombe dans l'erreur. Ne donnez point de ſcandale aux » Hérétiques : ne leur donnez pas occaſion de ſe fortifier dans leurs fauſſes opi- » nions, & de mépriſer l'Egliſe, comme ſi elle m'honoroit comme une divinité. » Et ne vous portez pas à ces excès par la conſideration de certaines façons de » parler extraordinaires & figurées de quelques Saints, dont il ne faut pas ſe ſer- » vir legerement, ſans prudence & ſans diſcretion, & encore moins les étendre » & les augmenter. «

Voilà, Monſeigneur, la réfutation la plus complette des calomnies dont vous chargez l'innocent Auteur des *Avis ſalutaires.* Autant vous avez voulu le noircir, autant je le trouve blanchi. Il ne dit pas qu'il *faut compter pour rien les éloges hyper- boliques que les ſaints Peres ont donnés à Marie ;* mais, ſachant l'abus que l'on fait tous les jours des expreſſions de quelques Saints, il veut qu'on ne s'en ſerve qu'a- vec diſcretion, quand on loue la Sainte Vierge. Qui ne craindra de lire vos Ecrits ? La loi de la vérité doit ſe trouver dans la bouche du prêtre ; & vous n'ouvrez la vôtre que pour calomnier.

Je ne releverai point quelques autres reproches qui regardent M. de Ligni, M. de Witte, Dom Thierry de Viaixne, Dom Louvard. Vous ne citez que des Let-tres miſſives que l'on ne connoît point, & ſur leſquelles il auroit fallu entendre

XXIII.
Les Appellans
ne ſe donnent

point pour ii
faillibles : ils
condamnent ·
qui mérite ê e-
tre condamné

les auteurs mêmes. Si ces Lettres contiennent des sentimens différens de ceux que les Evêques & les Théologiens Appellans enseignent & ont toujours enseignés avec l'Eglise, nous n'en prenons point la défense. (*a*) J'en dis de même de quelques Ecrits peu réfléchis & justement censurés, dès qu'ils ont paru. Les Appellans ne sont point infaillibles, & ne connoissent point la malheureuse politique de ces hommes, qui prennent fait & cause pour tous & chacun des membres de leur Société, parceque les particuliers ne font rien qu'avec dépendance de ceux qui gouvernent. Si vous trouvez des Appellans en fautes, reprenez-les, Monseigneur, corrigez-les ; nous ferons les premiers à seconder votre zéle. Mais ne faites point acception de personne ; & dans les jugemens que vous prononcez, en condamnant le coupable, épargnez l'innocent.

XXIV.
Partialité de
M. de Charancy dans l'affaire des prêts
usuraires qui
se pratiquent
en Hollande.

Le faites-vous, Monseigneur, sur la matiere des prêts usuraires qui ne se pratiquent que trop dans l'Eglise de Hollande ? Je suis édifié de vous voir condamner ces sortes de prêts ; mais lorsque je vous vois envelopper dans la même condamnation celui qui est irréprochable & celui qui ne l'est pas, que dis-je, épargner celui qui doit être puni, & condamner celui qui ne le mérite pas : je vous l'avoue, Monseigneur, je suis très-scandalisé. Que diriez-vous de moi, si, parceque M. l'Archevêque de Sens autorise dans son Catéchisme le relâchement sur la matiere de l'usure, j'accusois tout le parti Constitutionnaire de penser comme lui. C'est la conduite que vous tenez à notre égard. Parceque D. Thierry a fait en Hollande ce que M. de Sens fait en France, vous en concluez que » le parti Janseniste, par une lâche condescen» dance pour les Prétendus Réformés, a porté le relâchement jusqu'à permettre » en Hollande les prêts usuraires. « Mais M. Barchman Archevêque d'Utrecht, mais ses successeurs, mais M. de Babylone, M. Duguet, M. Petitpied, M. le Gros, & presque tous les Appellans de France qui habitent ou qui ont habité cette terre, n'ont-ils pas reclamé contre cet abus ? M. le Gros n'écrit il pas encore actuellement sur cette matiere, contre l'auteur d'un *Traité* que le Clergé de France auroit déja dû censurer. Vous ajoutez, que le *Clergé en ansemble de Hollande pense comme Dom Thierry.* Plusieurs pensent mal sur ce sujet, c'est un sujet de gémissement pour nous : mais est-ce un sujet de gloire pour vous, de ce que sur ce point le Clergé Constitutionnaire de Hollande est dans les mêmes sentimens que le Clergé Appellant, avec cette différence, que dans le Clergé Appellant il y a partage, & que l'Archevêque à la tête d'une portion considérable du Clergé est très déclaré contre l'usure ; au-lieu que dans le Clergè Constitutionnaire il n'y a pas un Pasteur, qui soit assez généreux pour se déclarer contre cette pratique si condamnable ? Voilà ce que vous ne dites pas, Monseigneur, & ce qu'il falloit dire, pour juger sans acception de personne, & ne pas faire tomber sur les Appellans un péché où les Acceptans ont plus de part que les Appellans. Que nous vous serions obligés & que vous rendriez à l'Eglise un grand service, si vous pouviez engager le Clergé Constitutionnaire de Hollande à condamner hautement & nettement ce qu'on appelle dans le pays les *contracts rachetables des deux côtés*, qui font la même chose pour le fond que *les billets à jour* de nos commerçans. J'ose présumer des Pasteurs Appellans qui tiennent encore pour les contracts usuraires, qu'ils se rendroient à l'exemple des Pasteurs Acceptans, s'ils voyoient en eux un changement si subit & si peu attendu. Ils auroient même de la confusion de n'être entré qu'après eux dans le chemin qui conduit à cette montagne, dont il est écrit que *celui qui prête à usure n'y sera point admis.* Pour moi je souhaite ardemment que nos freres Appellans précédent dans cette voie tous les Acceptans qui s'en écartent, & qu'ils ne ternissent pas la

(*a*) On peut observer en particulier par rapport à la Lettre attribuée à M. de Ligni, qu'elle est de la composition du faux Arnauld, comme on le peut voir dans la véritable Lettre de M. de Ligni à un de ses amis sur ses disgraces.

gloire

gloire de leur Appel par une tache dont vous même, Monseigneur, appercevez toute la difformité.

Il faut dire encore un mot du reproche que vous nous faites, d'avoir en *aversion de l'état monastique*, & de travailler à *l'avilissement de la profession religieuse*. C'est à cette marque que vous voulez que l'on nous reconnoisse, selon cette parole de l'Evangile : *Vous les connoitrez par leurs œuvres.* Si c'est à cette marque qu'il faut reconnoitre ceux que vous dépeignez comme des loups ravissans, les brebis me paroissent dans un grand danger : car les Appellans ont dans les Monasteres un grand nombre de freres & de sœurs, qui leur sont très-unis & qui aiment leur état. Benedictins, Bernardins, Chartreux, Camaldules, Feuillans, Chanoines Reguliers, Dominicains, Cordeliers, Carmes, Augustins, Capucins ; tous les Ordres ont contribué à former le corps des Appellans. Je ne parle point des Monasteres de Filles. Vous avez sous les yeux des preuves de leur amour pour leur régle, & de leur attachement à la cause que nous défendons & que vous attaquez. Je ne connois gueres que les Jésuites qui puissent se glorifier de n'avoir donné à l'Appel aucun de leurs membres. Mais pour se glorifier dans l'Appel, il faudroit avoir appris à ne se glorifier qu'en la croix de J. C. & chez les Jésuites on se glorifie dans le crédit humain & dans les ressources de la Politique.

XXV. Que les Appellans ne travaillent point à l'avilissement de la profession religieuse. On fait tomber ce reproche sur les Constitutionnaires. *Page* 22. & 23.

Indiquez donc, Monseigneur, quelque autre caractere auquel on puisse reconnoître un Appellant. En faisant l'essai de celui que vous donnez, non-seulement on ne reconnoitra pas le Appellans, mais on court grand risque de prendre pour Appellans, c'est-à-dire, pour des loups ravissans selon vous, les Constitutionnaires mêmes. En effet, Monseigneur, on s'apperçoit, & on en gemit tous les jours, que dans les Monasteres où les Appellans occupoient les premieres places, la piété s'affoiblit, depuis que la violence les a chassés de ces places pour y mettre les Acceptans. Voilà ce qui fait craindre que ces Ordres & ces Congrégations qui ont brillé de nos jours avec tant d'éclat, ne tombent bientôt dans le mépris & l'avilissement où vous nous accusez de vouloir les jetter, & où les Jésuites seront ravis de les voir. Eh ! comment la piété se conserveroit-elle dans les Monasteres d'où les Appellans sont bannis ? C'est la grace qui fait les humbles ; c'est la grace qui fait les Saints. Espere-t'on le devenir, en se soumettant de cœur & d'esprit à un Decret, qui apprend à l'homme à mettre sa confiance dans ses propres forces, & qui lui dit qu'il peut être autre chose que ténébres, qu'égarement, que péché, sans la lumiere de la foi, sans J. C. sans la charité ?

Je ne sai, si vous vous en appercevez, Monseigneur ; mais tous les traits que vous lancez contre nous, retombent avec impétuosité sur vous. En voici un dernier, que vous ne parerez pas mieux que les précédens. C'est l'affaire des quatorze cens mille livres, dont vous dites que *personne n'ignore l'emploi qui en fut fait au payement des Appels.* Vous nous renvoyez pour la preuve à l'Histoire de M. Lafiteau. (*a*) C'est une foible caution. Dans la narration de ce fait, que de traits fabu-

XXVI. Affaire de Servier. Combien M. de Charancy s'est oublié, en

___

(*a*) Il faudroit un volume pour relever toutes les faussetés que renferme cette Histoire. Je n'en rapporterai que trois faits, qui serviront à juger de la foi que merite l'Historien. En parlant du tombeau de M. de Pâris (Hist. de la Const. Tome 2. page 206.) & des Convulsions que plusieurs y éprouvoient jusques dans les Charniers, dit M. Lafiteau, » il se passoit des spectacles dignes » de compassion. On y voyoit des personnes gagées, qui au moyen des courroies qu'on leur at- » tachoit sous les bras, sembloient dans l'obscurité s'élever au-dessus de leurs forces, & être enle- » vées par une vertu surnaturelle. «

Le même M. Lafiteau raconte (Ibid. p. 224.) que M. de Laon dans une Lettre adressée à l'Assemblée du » Clergé de 1735. demandoit à l'Assemblée de juger un Mandement de M. l'Evêque » de Montpellier du 25. Mars de la même année. « C'est le faux Mandement fabriqué par les Jésuites sous le nom de cet illustre Prélat, & condamné par un Décret de Rome. M. Lafiteau

voulant en faire usage contre les Appellans.
Page 12.

Tome 3. page 248. &c.

9. Octobre 1718. 1718.

15. Juillet 1719.

(De Mailly.)

leux ! Mais avant M. Lafiteau il est bon d'entendre l'auteur des *Anecdotes* que vous citez aussi. Son histoire a tous les caracteres de vérité qui manquent à celle du Prélat. » L'Evêq. de Châlons-sur-Marne, frere du Card. de Noailles, dit l'auteur des » Anecdotes, avoit un Aumônier nommé Servier, qui sous des dehors composés & » modestes, faisoit commerce des Billets de l'Etat, à une perte moins considérable » que celle qu'ils souffroient sur la place. Il avoit eu l'adresse de faire entrer dans cet » indigne trafic les principaux Officiers du Card. de Noailles : ce qui empêchoit que » l'Eminence n'en fût instruite. Dans le Mémoire qu'il donna pour sa justification, » il avoua que les Billets d'Etat dont il s'étoit chargé pour différens particuliers, » montoient à près de quatorze cens mille livres ; & il fut assez malheureux pour » contrefaire la signature de l'Evêque de Châlons son maître dans deux billets ; » l'un de 18000. liv. & l'autre de 40000. liv. que le Prélat étoit censé lui devoir, & » payables dans des tems marqués. Toute cette manœuvre étoit fort secrete ; & l'on » comprendra aisément que le Cardinal & son frere furent les derniers à savoir ce qui » se passoit. Les Créanciers écrivirent, presenterent des mémoires, & ce fut alors » que le Cardinal fut au fait. On arrêta Servier qui fut mis au Fort-l'Evêque. Et le » même jour cette Eminence renvoya trois de ses Domestiques, qui avoient eu la » foiblesse de se livrer aux idées flateuses d'un pareil commerce. Servier fut condamné » à faire amande honorable, nuds pieds, en chemise, la corde au cou, à être conduit » aux Halles, au Pilori, & envoyé aux Galeres à perpetuité.

» On debitoit en ce tems-là un prétendu Supplément à la Gazette d'Hollande, » imprimé à Lyon sous l'autorité des Jesuites. Les Auteurs de ces rapsodies fabu- » leuses, d'intelligence avec des Evêques, sonnérent le tocsin sur cet événement. » Ils dirent que la banqueroute de Servier avoit servi à payer des Appels ; & ce » fut d'après eux que l'Archevêque de Reims s'exprimoit ainsi dans sa Lettre cir- » culaire aux Cardinaux, Archevêques & Evêques du Royaume : *L'infame trafic* » *des Appels est un fait constant : on en a reglé le prix à proportion des maux que pou-* » *voient causer ceux qu'on a su corrompre ; & pour engager les Candidats à soutenir l'er-* » *reur, on a fourni abondamment aux frais de leurs Theses. Mais Dieu a confondu la* » *prudence des Achitophels. Cette étrange caisse militaire, destinée pour faire la guerre* » *à l'Eglise, pour seduire les Catholiques, & tenter la fidelité de quelques Députés, de* » *l'Assemblée, a été mal menagée, & confiée à de dangereuses mains. On a donné des pen-* » *sions trop fortes aux protecteurs du schisme. On a détourné des fonds ; & ceux qui étoient*

suppose toujours que ce Mandement étoit de M. de Montpellier, quoiqu'il n'ait pu ignorer que ce Prélat s'est plaint au Pape Clement XII. de cette fourberie de ses ennemis.

Enfin, M. Lafiteau décrivant la mort tragique de l'Abbé Couet, dit (Ibid. page 227.) que » le forcené qui l'assassina, prit cette résolution pleine de rage & de fureur, étant fâché de voir » que M. l'Abbé Couet persistoit à détester les mêmes principes de parti qu'il avoit autrefois adop- » tés, & même appuyés avec chaleur ; plus fâché encore d'avoir tout lieu de croire que c'é- » toit en partie ce même Abbé Couet qui avoit inspiré à M. le Cardinal de Noailles de se rendre » aux pressantes invitations de Benoît XIII. d'accepter purement & simplement avant sa mort la » Bulle *Unigenitus.* «

Quand on se donne pour Historien, & que sous les yeux de tout un royaume on avance des faits si notoirement faux, on ne mérite point d'être cru, mais on s'attire l'indignation du public. Le fait qui concerne S. Médard, a tout Paris pour témoin du contraire, & en particulier plus de cent cinquante Médecins & Chirurgiens, qui durant six mois ont admiré comment M. de Bé- cherand étoit enlevé de dessus la tombe par une force invisible, que la main des hommes ne pouvoit arrêter. Ce n'étoit point la nuit, mais dans le plus grand jour que tout ceci se passoit.

A l'égard de la mort de M. l'Abbé Couet, qui ne sait que celui qui l'assassina avoit l'esprit en partie aliéné ; & qu'il ne se porta à cet excès, que parcequ'il étoit mécontent de cet Abbé, dont il se disoit parent, & qui avoit contribué à le faire enfermer ?

» chargés de ce pernicieux dépôt, ont disparu. *Leur fuite cache des mysteres, qui confondroient*
» *bien des gens, s'ils étoient révélés. Ces sommes dissipées & de plus grandes encore, seront*
» *bientôt reproduites, non par de frauduleux emprunts, &c. L'Apôtre, à qui l'établissement*
» *des Collectes paroissoit si utile, auroit-il cru que des Ministres de J. C. auroient un jour employé*
« *ces pieuses contributions pour combattre son Eglise, pour faire des Proselytes d'erreur ? &c.*

» On croit bien certainement que ce Prélat, & les Evêques d'Angers & de Soissons
» qui tenoient le même langage, n'attribuoient point au Cardinal de Noailles ces sor-
» tes de bassesses ; mais ils repandoient ces discours pour faire illusion au public.

» Le jour que ce Cardinal congédia ceux de ses Officiers domestiques qui étoient
» entrés dans ce vil intérêt, l'Evêque d'Auxerre, en ami solide & fidele ne le *Caylus.*
» quitta point ; & vit combien il en coutoit à son cœur pour renvoyer le premier
» de ses Ecclésiastiques, attaché à sa personne depuis plus de trente ans, & que
» sa simplicité, plutôt que toute autre chose, avoit jetté dans les filets de Servier. «

Ici finit la narration des Anecdotes. M. Lafiteau dans la réfutation de ce *Livre,*
avoit prétendu que M. de Châlons obtint pour son Aumonier un sauf-conduit,
& que par sa fuite il fut échapper à la peine qui fut portée contre lui au Châtelet *Tome 2. page*
en 1720. (c'étoit en 1719.) Aujourd'hui le Prélat chante la palinodie, & nous *218.*
apprend des faits qui méritent beaucoup d'attention.

» J'ai dit dans ma *Réfutation des Anecdotes,* (c'est M. Lafiteau que je transcris,) *Histoire de la*
» *que par la fuite Servier fut échapper à la peine qui fut portée contre lui.* Mais j'ai su *Constitution.*
» depuis de ceux mêmes qui l'y ont vu, qu'il fut en effet conduit aux Galéres. *Tome 2. Livre*
» Deux personnes en place, & très-bien intentionnées écrivirent en sa faveur à *5. page 7.*
» M. l'Evêq. de Marseille. *Elles esperoient découvrir par ce canal bien d'autres mysteres que*
» *ceux qu'on avoit déja pénétrés.* Servier parla en effet *beaucoup.* Il se montra sur-
» tout très-zélé contre *ceux qui avoient commandé ses démarches passées,* & se plai-
» gnit amerement d'en avoir été abandonné. Mais il eut beau protester qu'il
» avoit entierement changé de sentimens, M. l'Evêque de Marseille ne le crut jamais
» sincerement revenu de ses erreurs. Cependant, par un esprit de charité, il fit
» d'abord diminuer ses peines, & il agit ensuite pour obtenir sa liberté. Servier
» fut délivré des Galeres, dont il trouvoit, disoit-il, la morale trop severe. Sa
» peine fut commuée en un bannissement ; & quelque tems après il lui fut per-
» mis de demeurer dans le Royaume. Il alla fixer son sejour à Lyon où il sut si
» bien déguiser ses sentimens, que malgré l'état humiliant d'où on venoit de le
» tirer, on crut, *pour le relever de sa disgrace,* pouvoir lui permettre de celebrer
» nos saints Mysteres, d'écouter les Confessions, & de conduire même une
» Communauté de Religieuses. Mais que peuvent tous les menagemens sur un
» esprit fasciné par l'hérésie, continue M. Lafiteau, ? Servier rentra de nouveau
» sous les étendarts du Jansénisme, & il ne rougit pas de dire publiquement : *Le*
» *Roi nous craint, & nous ne le craignons point.* Voilà à quoi aboutirent toutes ses
» protestations de se signaler par sa soumission à l'Eglise, si on lui rendoit sa liberté :
» ce fut d'abuser de sa liberté pour exciter de nouveau la révolte contre l'Eglise. «

Que de choses à dire, Monseigneur, sur tous ces faits ! Qui ne seroit effrayé
de la hardiesse avec laquelle on accuse un Cardinal & un Evêque d'une réputation intacte, d'avoir volé par les mains de leurs Officiers jusqu'à quatorze cens
mille livres pour acheter des adversaires à la Bulle, comme si la seule lecture de
ce Decret scandaleux ne révoltoit pas les plus simples ? A Dieu ne plaise que j'en-
treprenne la défense des deux Prélats : ce seroit supposer qu'ils en ont besoin.
C'est à leurs calomniateurs à se laver devant le public de la noirceur d'une pareille accusation. Servier, il est vrai, faisoit auprés de son maitre le personnage
de Judas auprés de Jesus-Christ. L'amour de l'argent les perdit l'un & l'autre :
mais la charité de nos ennemis voudroit que la perte de Servier s'étendit jusqu'à

nous. Si on les en croit, ce miférable ne travailloit pas pour lui-même, mais pour foudoyer ceux qui voudroient s'enroler dans l'Appel. Cinq cens livres à chaque Candidat qui inferoit dans fes Théfes quelques propofitions condamnées dans la Bulle. Autant & plus à proportion à chaque Curé qui vouloit appeller. Dix mille livres pour avoir le fuffrage d'une Communauté. C'eft ce qu'affûre M. Lafiteau fur la dépofition, à ce qu'il prétend, de deux Candidats & de quelques Curés du Diocéfe de Reims qui ont fait ces aveux au Cardinal de Mailly. L'auteur des Anecdotes traite ces contes de rapfodies. C'eft le nom qu'ils méritent. En vérité, Monfeigneur, je trouve bien de l'imprudence dans ceux qui vous ont confeillé d'y revenir. Eft-ce à nous qu'il faut reprocher de tenir à l'Appel par des motifs d'intérêt? Le Cardinal de Mailly qui nous fait ce reproche, feroit-il devenu Cardinal fans fon dévouement pour la Bulle? M. de Bilfy votre protecteur auroit-il eu une Abbaye de plus de 100000. liv. de rente & la Pourpre? Vous même, Monfeigneur, feriez-vous devenu Evêque & Abbé, & jouiriez vous de 50000. liv. de revenu? Il n'en fut pas ainfi de votre prédécelfeur, dont le temporel demeura faifi 14. ans, & qui fe vit enlever 100000. écus, parcequ'il ne vouloit point fléchir le genouil devant l'idole. Non, Monfeigneur, nous ne demandons point, pour adhérer à l'Appel, des récompenfes temporelles : notre état parle pour nous. Vexés, tourmentés, interdits, privés de nos Bénéfices, de nos biens, de notre liberté, de notre patrie; nous renonçons à tout pour ne pas renoncer à la foi. Mais vous êtes affligé de ce que dans notre détreffe nous trouvons des Abdias qui nous cachent, qui nous dérobent à votre colere, & qui nous nourriffent. Voulez-vous donc que la parole de J. C. n'ait point fon effet? Il nous a prom s avec des perfécutions le centuple dès cette vie. Vous paff:erez, Monfeigneur, mais la parole de J. C. ne paffera point.

Je reviens à Servier, que l'auteur des Anecdotes a laiffé fur les Galeres pour y fubir la jufte peine qu'il méritoit. Mais M. Lafiteru vient de nous dire que Servier recouvra fa liberté. Etoit-ce par le crédit du Cardinal de Noailles? Il n'avoit garde d'accorder fa protection à un homme qui s'en étoit rendu fi indigne. Où trouva-t'il donc des protecteurs? La Bulle eft le refuge de tous ceux qui ont de mauvaifes affaires. Servier fe jerra entre les bras de M. de Marfeille & des Jéfuites. On efpéroit, dit M. Lafiteau, découvrir par fon canal bien des *myfteres* (a) c'eft-à-dire que l'on comptoit que Servier chargeroit le Card. de Noailles, M. de Châlons & les Appellans, du vol dont il étoit coupable. Dans cette vûe, Servier eft délivré des Galeres, rappellé du baniffement dans lequel la peine des Galeres avoit été commuée; que dis-je? Servier eft rétabli dans les fonctions facerdotales; il célebre les faints myfteres; on lui donne des pouvoirs de confeffer, & on lui confie la conduite d'un Monaftere de Vierges confacrées à Dieu. Un Prêtre condamné à faire amende honorable, nuds pieds, en chemife, la corde au cou, à être conduit aux Halles, au Pilori, & envoyé aux Galeres à perpétuité, fort de ce fupplice pour offrir à Dieu l'Agneau fans tache, & M. l'Evêque de Sifteron publie & juftifie cette action fous les yeux de l'Univers! Je me laffe, Monfeigneur, de me tenir avec vous fur la défenfive. C'eft à moi à devenir l'aggreffeur.

Quoi! vous nous accufez, vous zélateurs de la Bulle, de ne pas croire la préfence réelle; & vous faites offrir le Sacrifice du corps & du fang de Jefus Chrift par un Prêtre fententié comme fauffaire & voleur! Croyez-vous que l'Euchariftie contienne réellement & fubftantiellement le corps de votre Dieu, vous qui traitez avec tant de mépris cet augufte Sacrement? Quelle idée donnez-vous de ce *myf-*

(a) M. Lafiteau dit que Servier eft retombé dans fes erreurs. Il eft vifible que le Janfenifme de cet homme eft de n'avoir pas voulu aller auffi loin qu'on l'exigeoit de lui en matiere de faux témoignage. Voilà ce qui le fait traiter de Relaps par M. Lafiteau.

ftere

tere de foi au peuple, qui voit un Prêtre chargé de crimes defcendre du Pilori & fortir des Galeres, pour monter à l'Autel? Les pieds du jufte en font émus: que deviendra celui qui eft encore chancelant dans fa foi? Vous nous accufez de nier la néceffité de la Confeffion: c'eft à vous à qui il faut demander fi vous croyez que le Sacrement de Pénitence foit néceffaire pour la rémiffion des péchés. Eh! quel eft le pécheur qui ne fe retire du tribunal, lorfqu'il y verra affis pour le juger, celui qu'il a vu nud en chemife, la corde au cou, faire amende honorable pour des crimes connus de toute l'Europe? Vous nous accufez de travailler à *l'aviliffement* de l'état monaftique. Eft-ce à nous à qui vous devez faire ce reproche, vous qui donnez la conduite d'un Monaftere de Religieufes à un Prêtre à qui vous ne voudriez pas confier une fomme de trente deniers? Il faut que des ames qui ont coûté le fang d'un Dieu, foient bien viles aux yeux de ceux qui en abandonnent le foin à un voleur public, à un Prêtre impénitent; car Servier trouvoit *la morale des Galeres trop fevere.* Qui nous décrira les fruits abondans dont le miniftere de cet homme de bien a été accompagné? Heureufe l'Eglife de Lyon d'avoir hérité d'un bien que les autres n'ont pas connu! Que votre peuple faffe éclater fa joie, Monfeigneur. A la place de ces Miniftres pernicieux que votre zele & votre vigilance arrachent à leurs Eglifes; bientôt il pourra poffeder quelqu'un de ces trefors que la juftice feculiere relegue dans votre voifinage. Sous le gouvernement precedent on vit un Curé condamné au feu par le Parlement de Touloufe, obtenir fa grace par le credit d'un de vos Grands-Vicaires. On affure que déja ce digne Miniftre eft remonté à l'autel dans l'Eglife d'Avignon. Quelles efpérances de fi heureux préludes ne donnent-ils pas de le revoir dans celle de Montpellier! Sous ces hommes pleins de foi, les nouveaux Convertis apprendront à adorer Jefus Chrift comme préfent dans le Sacrement de fon amour: fous ces Prêtres zélés, ils embrafferont à l'envi les faintes rigueurs de la pénitence: fous ces Miniftres fi capables d'attirer la confiance, tout votre Peuple viendra dépofer le poids de fes péchés pour en obtenir la rémiffion. Et vous, chaftes époufes, vierges confacrées au Seigneur, vous fortirez de la pouffiere & de *l'aviliffement* où les Appellans vous avoient réduites: vous reprendrez vos habits de gloire, votre ancien luftre, votre premier éclat, & vous répandrez dans toute l'Eglife la bonne odeur de Jefus-Chrift.

Je vous l'avois dit, Monfeigneur, que je ferois retomber fur vous toute l'iniquité dont vous avez voulu nous couvrir. Ne vous en prenez qu'à vous-même. Enflé de l'énorme crédit que votre dévouement à la Bulle vous a acquis, vous avez cru pouvoir impunément faire la guerre à des hommes que le monde hait, parcequ'ils en combattent les maximes. Dans l'impuiffance de les trouver coupables, vous n'avez pas craint de renouveller contre eux des calomnies fi groffieres, qu'elles méritent plutôt le nom d'extravagances. Mais en attaquant des hommes qui ont pour eux la vérité, vous avez du vous attendre que la vérité que vouliez humilier en leur perfonne, vous couvriroit vous-même d'ignominie. Si cette ignominie ne vous porte pas à rechercher le Seigneur, qu'elle ferve au-moins à vous rendre plus circonfpect à l'avenir. En recherchant le Seigneur, vous pleurerez amérement votre péché, vous le réparerez; & Dieu vous pardonnera. En devenant feulement plus circonfpect, le poids dont vous vous êtes chargé, ne diminuera pas, mais auffi il n'augmentera pas. Prenez le premier parti, Monfeigneur: c'eft le feul qui puiffe appaifer Dieu: le feul qui puiffe vous réconcilier avec les hommes. L'efpérance que j'ai de vous le voir prendre, me fait tomber la plume des mains. Qu'il me refteroit de chofes à vous dire, fi je le voulois! Sans fortir des Anecdotes, prenez la peine de lire à la fuitte de l'affaire de Servier, l'hiftoire qui y eft rapportée d'une confpiration contre la vie du Cardinal de Noailles; & voyez l'avantage que j'aurois pu en tirer contre ceux qui vous mettent la plume à la main pour nous calomnier. Qu'il me fuffife de vous avertir, qu'en faifant alliance avec les Enfans d'Agag, vous vous attirez des

G

XXVII.

Réflexions fur la démarche inconfidérée de M. de Charancy par la publication de la Lettre Paftorale.

Voeux que l'on fait pour qu'il foit au-moins le plus circonfpect à l'avenir.

reproches auxquels un Evêque doit être infiniment sensible. (*a*) Séparez, Monsgneur, séparez votre cause de celle de ces incirconcis : n'épousez point leurs querelles. Esperez-vous les tirer du décri où ils sont ? Ménagez votre réputation. Revenez sur vos pas. Il est toujours tems de se convertir au Seigneur. Quelle joie pour nous, si nous vous voyons en effet revenir á Dieu avec sept fois plus d'ardeur que vous ne vous en êtes éloigné ! Je le lui demande dans la sincérité de mon ame. Jesus-Christ me l'ordonne : *Orate pro persequentibus & calumniantibus vos.* Je suis avec un profond respect, Monseigneur, votre très-humble & très obéissant serviteur ***. *Le 15. Novembre 1740.*

(a) M. de Charancy se rend, page 30. l'Apologiste des Jésuites, & les regarde comme *heureux de partager avec le Chef & le Corps des Pasteurs, les injures* (prétendues) *dont les chargent les Disciples de Jansenius.*